spanish

Mayte Alvarez

On course Series Editors
Sandra Truscott
John Morley

Hodder Arnold

A MEMBER OF THE HODDER HEADLINE GROUP

Orders: please contact Bookpoint Ltd, 130 Milton Park, Abingdon, Oxon OX14 4SB. Telephone: (44) 01235 827720. Fax: (44) 01235 400454. Lines are open from 9.00am to 6.00pm, Monday to Saturday, with a 24-hour message answering service. You can also order through our website www.hoddereducation.co.uk.

If you have any comments to make about this, or any of our other titles, please send them to educationenquiries@hodder.co.uk

British Library Cataloguing in Publication Data
A catalogue record for this title is available from the British Library

ISBN-10: 0 340 885 351
ISBN-13: 978 0 340 885 352

First Published 2005
Impression number 10 9 8 7 6 5 4 3 2 1
Year 2009 2008 2007 2006 2005

Cover photo from John Townson/Creation
Typeset by Fakenham Photosetting Limited

Printed in Dubai for Hodder Arnold, an imprint of Hodder Education, a member of the Hodder Headline Group, 338 Euston Road, London NW1 3BH.

List of Contents

Acknowledgements

The author would like to thank the following people for their help in the preparation of this book:

The editors, Sandra Truscott and John Morley, for their cooperation and suggestions, patience and constant support.

My family in England, especially my husband, Anthony Grimley, and children, Javier and Raúl Grimley, for their inspiration, support and patience.

My family in Spain for their encouragement, in particular my sister Begoña Alvarez Madrigal, who helped me with the collection of materials and photographs from Spain.

A big list of people, especially Maria José Allúe, Susana Quiñones, Esther and María.

All those in Spain and England who have contributed to the book in any way.

The author and publishers would like to thank Oscar Hahn for permission to reproduce his poem in Unidad 1.

Pablo Neruda, "La reina" poema perteneclente a la obra LOS VERSOS DEL CAPITÁN © Fundación Pablo Neruda, 1952.

Every effort has been made to trace and acknowledge ownership of copyright. The publishers will be glad to make suitable arrangements with any copyright holders whom it has not been possible to contact.

The author and publishers would like to thank the following for the use of photographs in this volume:

John Townson/Creation, **cover**; Corbis/Reuters, **pp7** (a), **24** (c); Corbis/Rufus F Folkks, **p7** (b); Rex Features/Miquel Benitez, **p7** (c); Corbis/Pool, **p7** (d); Getty/Myrna Suarez, **p24** (a); Corbis/Sygma, **p24** (b); Rex Features/Action Press, **p24** (d); Sue Cunningham Photographic, **pp66**, **87** (3); Rex Features/Ilpo Musto, **p78** (1); Tamsin Smith, **pp78** (2), **105** (5); Mayte Alvarez, **pp78** (3), **105** (9), **116** (a; b; d; e), **120** (bottom row, first and second right), **160**; Corbis/John and Lisa Merrill, **p78** (5); Photodisc, **pp78** (6), **80** (4; 7; 9), **105** (7); Sandra Truscott, **pp78** (7), **87** (4); Action Plus/Christian Tatin, **p80** (1); Rex Features/Andrew Drysdale, **p80** (2); Alamy/Westend61, **p80** (3); Alamy/Alex Segre, **p80** (5); Alamy/Simo, **p80** (6); Action Plus/Max Earey, **p80** (8); Rex Features/The Travel Library, **pp84** (left), **105** (8); Axiom/Dorian Shaw, **p84** (right); Corbis/Lester Lefkowitz, **p87** (1); Carmen García del Río, **p87** (2); Alamy/David Kilpatrick, **p87** (5); Alamy/Charlie Newham, **p87** (6); TopRural.com, **p93**; Turespaña, **pp95** (1; 3; 4; 6), **105** (2; 4; 10), **116** (c), **120** (top left; top right); Corbis/Danny Lehman, **p95** (5); Alamy/Nicholas Pitt, **p105** (1); Alamy/Travelstock44, **p105** (3); Alamy/Ken Walsh, **p120** (bottom row, first left); Alamy/Jack Dubois, **p120** (bottom row, second left); BFI, **p150** (a); Rex Features/Fine Line/Everett, **p150** (d); Jose Angel Serrano, El Viajero, **p150** (e); Rex Features/Marbella Photo, **p150** (f); Corbis/Collection KIPA, **p231** (1); Corbis/Hulton-Deutsch, **p231** (2; 4); Corbis/Douglas Kirkland, **p231** (3); Retna/Photofest, **p231** (5).

Introduction

The *On Course* series is especially designed for students in post-secondary education who would like to begin or refresh their knowledge of one of the major European languages – French, Spanish, Italian or German.

The course remains firmly communicative in approach with plenty of scope for pair and group activities, both orally and in written mode. These activities are anchored within the student and study abroad experience. At the same time, our approach lays more emphasis on grammar than has been the tendency in many recent course books. *On Course* also includes an element of independent learning for those courses in which this has become an integral part.

The target language is used throughout, apart from grammar explanations and some of the more challenging cultural input. Each rubric is accompanied by an English explanation for the preliminary units and is gradually faded out as students become more familiar with the target language. We have tried to take a multicultural approach and to introduce topics and characters from a variety of countries in which the language is used.

Each unit should take approximately six hours to cover in class time, thus allowing the first half of the book to be covered in Semester One and the second half in Semester Two. Students will be expected to make up the remainder of the 200 hours allocated to a typical 20-credit course in their own time and there is sufficient material in each unit to allow them to do this.

Each course is built around ten units, each of which deals with a different aspect of life in the target country. The chapter headings give a flavour of the material in each unit:

Unit One: First contacts
Unit Two: A day in the life of…
Unit Three: Where do you live?
Unit Four: A weekend away
Unit Five: A day in the city
Unit Six: My autobiography…
Unit Seven: Enjoying yourself…
Unit Eight: Problems!
Unit Nine: The world of work
Unit Ten: Current issues

Each unit is, in turn, divided into a number of sections:

Revision: a rapid overview of the main points from the previous chapter;

Starter: a brief introduction to the essentials of the unit;

1st and 2nd 'courses' and a 'side dish': each of which deals with a different aspect of the main theme, together with salient points of grammar;

Café: a section that deals with the following:

> *Pronunciation and intonation*;
>
> *Portfolio:* which gives suggestions of written and oral tasks to be completed by students outside class, and which can be collected to form a dossier of independent work;
>
> *Culture*: a section which introduces students to some of the cultural aspects of life in the target country;
>
> *Revision*: a final section which reviews the important elements of the unit.

As can be seen from the list of contents, there is a substantial amount of built-in revision, which should help students consolidate earlier material, while moving forward towards new ground.

Answers to the exercises and full recording transcripts are available in a separate Support Book and we strongly recommend that you obtain the *On Course Spanish Support Book and Audio Pack*, which will enable you to develop your listening skills and get used to hearing the Spanish language as it is spoken now.

The *On Course* team hopes that students and their teachers will enjoy using the materials and will find them an efficient and worthwhile learning resource.

Primeros contactos

Guía de la unidad

En esta unidad vas a:
In this unit you will:

★ *ver palabras que ya sabes del español*
look at words you already know in Spanish

★ *conocer a los compañeros de clase e intercambiar información*
get to know other students in the class and exchange information

★ *hablar de los países del mundo hispano*
talk about the countries in the Spanish-speaking world

Aperitivo

Palabras que sabemos

 en pareja 1

Mira estas palabras. ¿Puedes asociar las palabras con una imagen? Escríbelas debajo de los dibujos. Look at these words. Can you associate the words with one or more pictures? Write them in the spaces below the pictures.

el profesor	el padre	la profesora	el ferrocarril
la universidad	el tren	las tapas	la estación	la cerveza
la madre	el bar	la familia	los estudiantes

a

b

c

d

_____

_____

_____

_____

2 *Ahora, escuchad estas palabras y repetidlas.* Now listen to the words and repeat them.

The words you have met so far are nouns (nombres) or names of things. Spanish nouns come in two categories called genders (masculine and feminine). Notice how the determiner (the, a) changes, to 'agree' with the gender and the number (singular or plural).

Singular	Plural
Masculine	Masculine
el diccionario *the dictionary*	los diccionarios *the dictionaries*
un diccionario *a dictionary*	unos diccionarios *some dictionaries*
Feminine	Feminine
la playa *the beach*	las playas *the beaches*
una playa *a beach*	unas playas *some beaches*

3 *Fíjate en estas palabras. ¿Puedes decir por su terminación si son masculinas o femeninas o los dos? Escribe **Masculino o Femenino** / **Femenino** / **Masculino** en su columna correspondiente.* Look at the following words. Can you tell by their endings if they are masculine or feminine or both? Write **Masculino o Femenino** / **Femenino** / **Masculino** in the correct column.

diccionari**o**	gramátic**a**	estudiant**e**
libr**o**	nacionali**dad**	art**ista**
camarer**o**	camarer**a**	dent**ista**
profes**or**	profes**ión**	cantant**e**

Masculine nouns usually end in **-o** (el amig**o**).
Feminine nouns usually end in **-a** (la amig**a**), **-dad** (la nacionali**dad**), **-ión** (la nac**ión**).
Some nouns ending in **-e** and **-ista** can be either feminine or masculine.
To form the plural:
    add **-s** to a word ending in a vowel: los amigo**s**, las amiga**s**.
    add **-es** to words ending in consonants: los profesor**es**, las nacion**es**.

Primer plato

Vamos a conocernos

1 *Escucha la conversación entre una estudiante española y un estudiante inglés.* Listen to the conversation between a Spanish and an English student.

Estudiante inglés	Hola, me llamo Robert ¿y tú, cómo te llamas?
Estudiante española	Yo soy Begoña.
Estudiante inglés	¡Encantado!
Estudiante española	¡Encantada!

A *Léelo con tu compañero/a.* Read it aloud with your partner.

B *Después preséntate a varios compañeros, esta vez usando tu nombre.* Then introduce yourself to other classmates, using your own name.

C *Ahora completa la tabla con las terminaciones adecuadas.* Now fill in the grid with the appropriate endings.

to be called		**llamarse**	
I	am called	(yo)	me llam___
you	are called	(tú)	te _____
he, she, you (formal) is / are called		(él, ella, usted) se llama	

2 **A** *Ahora escucha el principio de la conversación y completa la tabla.* Now, listen to the beginning of the conversation and fill in the grid.

	Begoña	**Robert**
nacionalidad / nationality		
profesión / profession		
estudios / studies		
lugar de estudio / place of study		

B *Lee el texto de la conversación y completa esta tabla con las formas correctas.* Read the conversation and complete the following table with the correct forms.

Robert	Hola, ¿para literatura española es aquí?
Begoña	Sí, pero también es para lengua española para extranjeros y para estudios hispánicos.
Robert	Ah, gracias, ¡entonces esta es mi cola!
Begoña	¿Eres inglés?
Robert	Sí, soy inglés. ¿Y tú?
Begoña	Soy española. Y ¿qué estudias?
Robert	Bueno, en Manchester estudio español y literatura inglesa. En Madrid soy estudiante del programa Erasmus.
Begoña	Yo estudio español también, pero aquí, en Madrid.
Robert	Por cierto, me llamo *Robert*. ¿Y tú?
Begoña	Yo soy *Begoña*.
Robert	¡Encantado!
Begoña	¡Encantada!

vocabulario

hola: *hello*
también: *also*
la cola: *queue*
entonces: *then*
por cierto: *by the way*

to study		**estudiar**	
I	study	(yo)	estudi___
you	study	(tú)	_____
he, she, you (formal)	studies/study	(él, ella, usted) estudi**a**	

C *Ahora, pregunta a tu profesor el nombre de tu carrera y practica este diálogo con otros en tu clase.* Now ask your teacher for the name of your course in Spanish and then practise the exchange with others in your class.

Ejemplo: **A**   ¿Qué estudias?

          B   Estudio matemáticas. ¿Y tú?

          A   Yo estudio inglés y francés.

 3

A *Escucha cómo sigue la conversación y completa la tabla.* Listen to how the conversation continues and complete the table.

	Begoña	Robert
lugar de residencia / place of residence (where you live)		
lugar de origen / place of origin (where you are from)		

B *Lee cómo sigue la conversación y completa esta tabla con las formas correctas.* Read the continuation of the conversation and complete the following table with the correct forms.

Begoña	Entonces ... ¿dónde vives? ¿Vives en Manchester normalmente?
Robert	Sí, en Manchester. Y tú, ¿de dónde eres? ¿Eres de Madrid?
Begoña	No, soy de Bilbao pero vivo en Madrid. ¿Y tú?
Robert	Soy de Leeds, a una hora de Manchester aproximadamente. Oye, ¿cuál es tu número del móvil? ¡Así estudiamos juntos un día!
Begoña	¡Uff! ¡Es muy largo! A ver ... es 609 75 39 22 Mira, ése es el profesor de lengua española, Miguel Garay.

to live		*vivir*	
I	live	(yo)	viv ___
you	live	(tú)	viv ___ ___
he, she, you (formal)	lives / live	(él, ella, usted)	viv**e**

to be		*ser*	
I	am	(yo)	soy
you	are	(tú)	_____
he, she, you (formal)	is / are	(él, ella, usted)	_____

4

A *Ahora relaciona las preguntas con las respuestas.*
Now match the questions with the answers.

Preguntas

1 ¿De dónde eres?

2 ¿Dónde vives?

3 ¿Qué estudias?

4 ¿Cómo te llamas?

5 ¿Cuál es tu nacionalidad?

Respuestas

a) Estudio español y literatura inglesa.

b) Soy inglés.

c) Me llamo Robert.

d) Vivo en Madrid.

e) Soy de Leeds.

B *Practica estas preguntas con tu compañero/a. (Hay más nacionalidades en la página 21.)* Practise these questions with your partner. (There are more nationalities on page 21.)

C *Y ahora pregunta a otros cinco compañeros.*
And now ask five other classmates.

5

Fotomatón

A *Relacionad las fotos con la información correspondiente.*
Match the photographs with the information given.

1 Soy española. Me llamo Cristina de Borbón. Soy de Madrid y también vivo en Madrid. Soy licenciada en Ciencias Políticas. Soy princesa.

3 Soy británico. Me llamo William. Soy de Londres y vivo en Londres, en un palacio. Soy príncipe.

a

c

2 Soy británico. Me llamo David Beckham. Soy de Manchester y vivo en Manchester y en Madrid. Soy futbolista inglés. Antes jugador del Manchester United con el número siete.

4 Soy española. Me llamo Penélope Cruz. Soy de Madrid y también vivo en Madrid. Soy actriz. Mi película favorita se llama El mandolín del capitán Corelli.

b

d

B *Relaciona las preguntas con las respuestas.* Match the questions with the answers.

Preguntas	Respuestas
1 ¿Cómo se llama?	**a)** Es princesa.
2 ¿De dónde es?	**b)** Vive en Madrid.
3 ¿Dónde vive?	**c)** Se llama Cristina de Borbón.
4 ¿Cuál es su profesión?	**d)** Es de Madrid.

C *Ahora, haz las mismas preguntas a tu pareja sobre las otras tres personalidades.* Now ask your partner the same questions about the other three personalities.

D *Describid a un personaje famoso usando información similar. El resto de la clase intenta adivinar quién es.* Describe a famous person using similar information. The rest of the class tries to guess who it is.

A *Mirad el mapa y rellenad los nombres de los países.* Look at the map and label the countries.

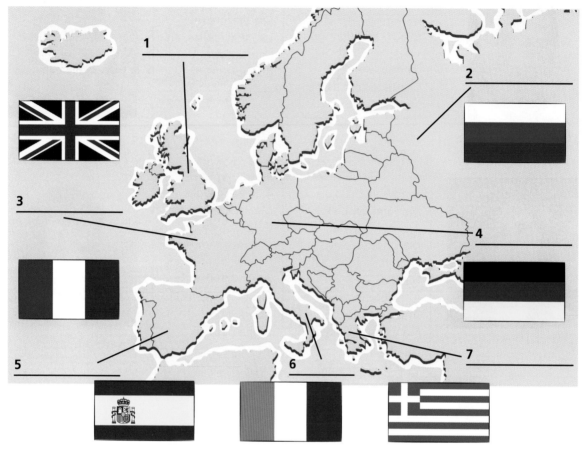

| España | Francia | Gran Bretaña | Italia | Grecia | Alemania | Rusia |

B *Ahora, relacionad cada idioma con las frases abajo.* Now match each language with the phrases below.

ruso ❑   italiano ❑   francés ❑   inglés ❑

alemán ❑   griego ❑   español ❑

1 Buon giorno!   **2** Ça va?   **3** Kalimera!   **4** Wie geht's?
5 Hi, how are you?   **6** Hola, ¿qué hay?   **7** ВГДΨ

C *Relacionad cada dibujo con la frase que lo describe.* Match each picture with the phrase that describes it.

a

b

c

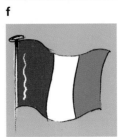

1 el uniforme italiano
2 la bandera francesa
3 la princesa inglesa
4 el instrumento ruso
5 la cerveza alemana
6 la literatura española

d

e

f

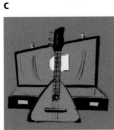

Yo creo que ...: *I think that ...*
es verdad: *it's true / you are right*

Ejemplo: **A** Yo creo que c es el uniforme italiano.

B No, no, el uniforme italiano es e.

A Ah sí, es verdad.

en grupo

D Do you know what adjectives are? (Look at the Spanish phrases in the previous exercises.) Can you see a pattern in the way they are formed?

E What do you notice about language names and adjectives?

Laboratorio de lengua

Adjectives

Adjectives describe nouns: the **Spanish** language, *la lengua **española***. Spanish adjectives agree with the noun they describe both in gender and number.

Feminine adjectives usually end in **-a**: *la princesa ingles**a***.
Masculine adjectives usually end in a consonant or an **-o**: *el príncipe inglé**s**, el uniforme italian**o***.
Plural adjectives usually end in **-s** or **-es**: *los instrumentos rus**os**, los periódicos aleman**es***.

As you have probably worked out, the names of languages are the masculine form of the adjective. *Hablo español. I speak Spanish.*

7

A *Miras los mensajes en un foro de discusión y lees el de Begoña.* You look at the messages in a discussion forum and you read one from Begoña.

☒

Hola, soy Begoña. Soy española, de Bilbao, pero vivo en Madrid con mis padres ¡qué rollo!. Soy estudiante de la Facultad de Filosofía y Letras, donde estudio tercero de Estudios Hispánicos. Tengo asignaturas como Lengua española, Literatura española, Historia de España y de América Latina, y muchas más. También estudio inglés en la Escuela de idiomas. Tengo dos hermanos que estudian en el colegio todavía. Y ¿tú? ¿Quieres escribir con tu información?

B *Escribe un email a Begoña con tu información.* Write an e-mail to Begoña about yourself.

8

Mira estas listas de verbos. ¿Puedes rellenar las terminaciones que faltan? Mira las páginas anteriores. Look at these verb lists. Can you fill in the missing endings? You may need to look back.

	estudiar	llamarse	ser	vivir
(yo)	estudi _____	me llam _____	soy	viv _____
(tú)	estudi _____	te llam _____	e _____	viv _____
(él, ella, usted)	estudia	se llam _____	e _____	viv _____
(nosotros/as)	estudiamos	nos llamamos	somos	vivimos
(vosotros/as)	estudiáis	os llamáis	sois	vivís
(ellos, ellas, ustedes)	estudian	se llaman	son	viven

9

When do you use the **tú** form? Should you use it to talk to your teacher?

Something about verbs

■ The 'base' or 'default' form of the verb is the infinitive: vivir, *to live*. This is the form you will find in the dictionary.

■ All verbs in Spanish end in **-ar**, **-er** or **-ir**. You have already met some examples – viv**ir** and estudi**ar**. They follow regular patterns, some of which you have already completed.

■ Some verbs are irregular (like **ser**). Their forms need to be learned separately.

■ Other verbs are reflexive – in addition to the first pronoun (yo, tú, etc.) they carry a second one (me, te, etc.). A good example is llamarse, *to call oneself*. Me llamo, *I am called* or *I call myself*.

■ Some verbs have changes in the stem but keep the regular pattern of endings, like querer: quiero.

When to use tú and usted

You will have noticed that there are at least two ways of saying 'you' in Spanish. Tú has its own verb ending – tú estudias (second person singular); usted shares an ending with the él and ella forms (third person singular) – usted, él, ella estudia**.**

Tú

Use tú to speak to someone young (or younger than yourself), family, friends and colleagues at work. This form is used more widely than in other languages where several forms also exist (such as German or French). The plural equivalent of tú is vosotros.

Usted

Usted is the formal version of 'you' and is used when talking to someone older or to someone whom you do not know. The plural equivalent of usted is ustedes.

Segundo plato

Para aprender español

escucha · solo · 1

Robert y Begoña están en la misma clase de literatura española. Charlan al salir de clase. Lee las preguntas y respuestas siguientes. Después escucha la conversación y marca la opción que se identifica más con el diálogo. Robert and Begoña are in the same Spanish Literature class. They chat as they leave the class. Read the following questions and answers. Then listen to the conversation and tick the options which best reflect the conversation.

1 ¿Qué tal Begoña? ¿Cómo estás?

  a) Mal, tengo muchos exámenes.

  b) Bastante bien, gracias, ¿y tú? ¿Cómo estás?

2 ¿De dónde es el profesor?

  a) Es de Cataluña, porque tiene un acento catalán muy fuerte, y claro, también habla catalán. Eso sí, es un profesor muy bueno.

  b) Es de Málaga, tiene un poco de acento andaluz. No le entiendo bien.

3 ¿Por qué estás en España?

  a) Para aprender valenciano.

  b) Para aprender castellano.

vocabulario

hablar: *to speak*
tener: *to have*
entender: *to understand*
aprender: *to learn*

lee · en pareja · 2

A *¿Verdad o falso?* True or false?

	Verdadera	**Falsa**
a) En el País Vasco hablan valenciano.	❑	❑
b) En Brasil hablan castellano.	❑	❑
c) En Barcelona hablan catalán.	❑	❑
d) En Lima hablan español.	❑	❑

B *Ahora, leed este texto sobre las diferentes lenguas de España y América Latina y después completad la tabla.* Now, read the following text about the different languages of Spain and Latin America and then complete the grid.

En España, se habla el castellano, pero hay regiones de España que también tienen su propia lengua oficial, como por ejemplo en Cataluña hablan el **catalán**, en el País Vasco hablan el **vasco** o **euskera**, en Galicia hablan el **gallego**. También hay otras lenguas como el **mallorquín** en Mallorca y el **valenciano** en Valencia. También se habla español en Latino América, donde todavía hay otras lenguas indígenas con origen en sus civilizaciones, como por ejemplo, en Perú (los Incas) hablan el **quechua**, en Paraguay hablan el **guaraní**, en el norte de México (los aztecas) hablan el **nahuatl**, en el sur de México (los Mayas) hablan el **maya**, y también al sur de Chile tienen una lengua que todavía la hablan los indios, se llama el **mapuche**.
El español también se habla en Filipinas y en antiguas colonias de Africa.

vocabulario

el norte: *the north*
el sur: *the south*
su propia lengua: *its own language*
también: *also*
todavía: *still*

	hablar *to speak*	tener *to have*
(yo)	hablo	tengo
(tú)	hablas	tienes
(él, ella, usted)	habl ___	tiene
(nosotros/as)	hablamos	tenemos
(vosotros/as)	habláis	tenéis
(ellos, ellas, ustedes)	hab ___	tien ___

C *¿Podéis encontrar en el texto el verbo en español que significa 'there is' o 'there are'?* Can you find in the text the Spanish verb that means 'there is' or 'there are'?

D *¿Tenéis diferentes lenguas en vuestro país?* Do you have different languages in your country?

3 *Mira esta lista y marca tus razones para estudiar español.* Look at this list and tick the reasons why you are studying Spanish.

Estudio español: para ir de vacaciones (to go on holiday) ❑
para aprender otro idioma (to learn another language) ❑
para conocer a la gente, sus costumbres (to get to know the people and their customs) ❑
para trabajar en un país de habla hispana (to work in a Spanish-speaking country) ❑
para conocer la cultura hispana (to get to know Hispanic culture) ❑

Puedes añadir otras razones. You can add other reasons.

4 *Practica esta pregunta con tu pareja y elige la respuesta más adecuada.* Practise this question with your partner and choose the best answer. (Remember that after **para** you always use the infinitive.)

¿Por qué estudias español? (Why are you studying Spanish?)

Ejemplo: **A** Yo estudio para aprender otro idioma.

B Yo, para ir de vacaciones.

5 *Ahora, haz la misma pregunta a cinco compañeros más y completa la tabla.* Now ask five other students the same question and complete the grid.

Nombre	para aprender otro idioma	para trabajar en España	para ir de vacaciones	para conocer la cultura	para conocer a la gente, sus costumbres	para ...

6 **A** *Ahora, escucha los números del 0 a 20 y escribe las cifras correspondientes.* Now listen to the numbers from 0 to 20. As you do so, write in the corresponding figure.

Los números 0–20

cero _____

uno _____ seis _____ once _____ dieciséis _____

dos _____ siete _____ doce _____ diecisiete _____

tres _____ ocho _____ trece _____ dieciocho _____

cuatro_____ nueve _____ catorce _____ diecinueve ____

cinco _____ diez _____ quince _____ veinte _____

¿Dónde quieres viajar?

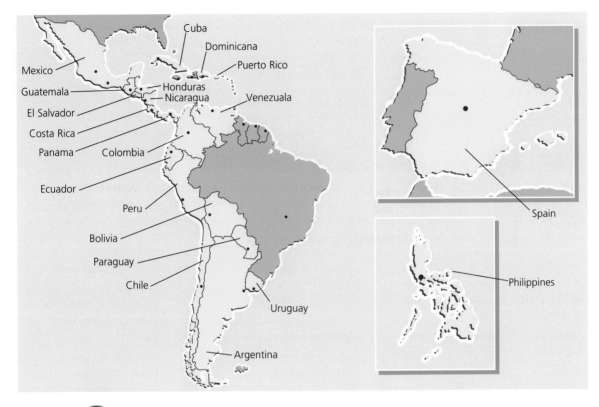

1

¿A qué país / países quieres viajar? Practica con tu compañero/a. Sigue el modelo. What country / countries do you want to travel to? Practise with your partner. Follow the pattern.

Ejemplo: **A** ¿A qué país / países quieres viajar?

B Yo quiero viajar a Guatemala. ¿Y tú?

A Yo quiero viajar a Chile y a Venezuela.

2

Ahora pregunta a cinco compañeros. Muévete por la clase y toma notas. Sigue el modelo. Now ask five classmates. Move round the room and take notes. Follow the pattern.

Ejemplo: **A** ¿A qué país / países quieres viajar?

B Quiero ir a México.

A ¿Qué ciudad / ciudades quieres visitar?

B Quiero conocer las ciudades de Oaxaca y Mexico D.F.

nombre	país / países	ciudad / ciudades
Ej: Anna	México	Oaxaca y México D.F.

 **3**

¿Podéis escribir seis frases correctas, utilizando elementos de cada columna de la tabla? Veis que ahora tenéis todas las formas de **querer***, 'to want' or 'to wish'.* Can you write at least six correct sentences, using elements from each column of the table below? You will notice that you now have all the forms of **querer**, 'to want' or 'to wish'.

(yo)	quiero	ir a	Latino América		visitar sus monumentos mayas
(tú)	quieres	ver	España		conocer otras costumbres
(él, ella, usted)	quiere	conocer	la ciudad de México		trabajar y así aprender el idioma
(nosotros/as)	queremos	viajar a	ciudades españolas	para	conocer otras culturas
(vosotros/as)	queréis	visitar	países de habla hispana		hablar otro idioma
(ellos, ellas, ustedes)	quieren	estudiar	un país de América del sur		ir de vacaciones
			español / castellano		

4

Un grupo de amigos habla de dónde quieren viajar. Escucha primero. Luego, toma notas de los países y las cosas que quieren visitar. A group of friends are talking about where they want to travel. Listen first. Then note down the countries and things they want to visit.

	país	monumentos	cosas / gente
Begoña			
Alicia			
Víctor			

 **5**

¿Qué verbos utilizan? Escucha la grabación otra vez y pon una X en la casilla según los oigas. What verbs do they use? Listen to the recording again and put an X in the box as you hear them.

ir ❏	visitar ❏	conocer ❏	viajar ❏
ver ❏	tener ❏	hablar ❏	probar ❏
escuchar ❏	divertirme ❏	disfrutar ❏	querer ❏

Café

Pronunciación

El alfabeto

1 *Escucha el alfabeto en el CD y repite.* Listen to the alphabet on the CD and repeat.

Alfabeto

A	**B**	**C**	**D**
a	be	ce	de
Ana	Bilbao	cero / Caracas	Dinamarca

E	**F**	**G**	**H**
e	efe	ge	hache
España	Finlandia	Guatemala / Gerona	Honduras

I	**J**	**K**	**L**
i	jota	ka	ele
Inglaterra	Jerez	kilo	Lima

LL	**M**	**N**	**Ñ**
elye	eme	ene	eñe
llamar	Málaga	Nicaragüa	España

O	**P**	**Q**	**R**
o	pe	cu	erre
Oporto	Perú	Quito	Rusia / Pirineo

S	**T**	**U**	**V**
ese	te	u	uve
Salvador	Toledo	Uruguay	Venezuela

W	**X**	**Y**	**Z**
uve doble	equis	i griega	zeta
Washington	Texas	Paraguayo	zapato / lápiz

2 *Escucha los siguientes apellidos. ¿Qué apellido están deletreando? Márcalos con su número correspondiente.* Listen to the following surnames. What surname are they spelling? Mark them with the corresponding number.

Hernández ___ Alba ___ Márquez ___
Camino ___ Carrasco ___ García ___
Contento ___ Fernández ___ Álvarez ___

3 *¿Cómo se escribe tu apellido? Pregunta a cinco compañeros, por lo menos. Toma nota de cómo se escribe y comprueba si lo has escrito correctamente.* How do you write your surname? Ask at least five members of your class. Note down the spelling and check to see if you spelt it correctly.

Recursos comunicativos

You will need to know:

¿Cómo se escribe tu nombre?	*How do you write your first name?*
¿Cómo se dice ... en español?	*How do you say ... in Spanish?*
¿Cómo se traduce ... ?	*How do you translate ... ?*
¿Cómo se pronuncia ... en español?	*How do you pronounce it in Spanish?*
¿Puede(s) repetir por favor?	*Can you repeat please?*
¿Entendéis / Entiendes?	*Do you understand?*
No, no entiendo.	*No, I do not understand.*
¿Puede escribir ... en la pizarra, por favor?	*Can you write ... on the board, please?*
Trabajad en parejas, por favor.	*Work in pairs, please.*
¡Muy bien! ¡Perfecto!	*Very good! Perfect!*

Tu portfolio

1 Write a paragraph about two or three members of your class. This could include your teacher. Remember to use the questions you have learned in the unit.

2 Now do the same for a famous Spanish or Latin American person. You could use a Spanish search engine to find information.

3 Write a paragraph about a Spanish-speaking country. Use: habla(n); hay; se llama(n); tiene(n).

Consider: population, currency, languages, famous sites (monumentos) and well-known personalities.

Sobremesa cultural

Un poeta chileno

ESCRITO CON TIZA

Uno le dice a Cero que la nada existe
Cero replica que uno tampoco existe
Porque el amor nos da la misma naturaleza.

Cero más Uno somos Dos le dice
Y se van por el pizarrón tomados de la mano.

Dos se besan debajo de los pupitres
Dos son Uno cerca del borrador agazapado
Y Uno es Cero, mi vida.

Oscar Hahn

Este poeta y crítico nació en Iquique, Chile en el año 1938. Es profesor de Literatura en la Universidad de Iowa. Tiene varias colecciones de poesía, como, por ejemplo, 'Esta rosa negra' (1961), 'Agua final' (1967) 'Mal de amor' (1981) y 'Antología virtual' (1966). Ha recibido el *Premio Alerce de la Sociedad de Escritores de Chile* y el *Premio Municipal de Santiago*. Puedes leer algunos de sus poemas en inglés.

1 Three numbers are mentioned in this poem. Which are they?

2 There are four words which relate to the classroom. Try to work out which they are. Your teacher may have to help here.

3 Although the vocabulary and structures here are fairly simple, it is quite a difficult poem. See how much you can work out yourself and then ask your teacher for a translation.

Repaso

Intenta hacer estas actividades y repasa las lecciones de esta unidad antes de empezar la unidad 2.

en grupo 1

Aquí tienes dibujos de tres personas con las banderas de su país de fondo. ¿Puedes relacionar las imágenes con la información en la página 20? Preséntalas a tus compañeros. Tienes que usar la tercera persona (él o ella).
Here are pictures of three people, with the flags of their countries as a background. Can you match up the pictures with the information on page 20? Introduce them to your friends. You will have to use the third person (he or she).

a

b

c

a) Hola. ¿Qué hay? Soy Fritz.

b) Yo hablo español.

c) Buenos días, me llamo Brigitte.

d) Hola. Soy Raúl.

e) Soy francesa.

f) Soy alemán.

g) Hablo francés.

h) Soy mexicano.

i) Vivo en Berlín.

j) Vivo en París.

k) Yo vivo en la ciudad de Oaxaca.

l) Soy estudiante de español.

m) Yo quiero ser abogada.

ñ) Yo soy jubilado.

n) Yo estudio lingüística.

o) Hablo alemán.

p) Soy de Tolosa.

2 *Ordena el siguiente diálogo en el que Mario se reúne con Begoña e Isabel.* Put the following conversation in the right order. In it, Mario meets up with Begoña and Isabel.

1 Soy de Guatemala. ¿Y tú eres de aquí?

2 Sí, venga, tenemos que organizar las visitas a Guatemala y al norte de España (ja, ja)

3 ¿Cómo se llama?

4 Muy bien, tengo sólo 6 asignaturas.

5 ¿Vamos a la cafetería y hablamos?

6 Mucho gusto, yo soy Begoña. ¿De dónde eres?

7 Creo que se llama María Isabel Santos Chaves.

8 No, sólo de lengua española. Mira, te presento a mi compañero de residencia, Mario.

9 ¡Qué bien! Yo tengo 8 con español. La profesora es de Bilbao, como tú.

10 Hola Begoña. ¿Qué tal?

11 Y yo quiero conocer el norte de España.

12 Sí, son apellidos vascos. ¿Es profesora de literatura española también?

13 No, soy vasca, de Bilbao. Quiero viajar a Guatemala, es un país muy bonito y con mucha cultura.

3 *Completa la tabla.* Complete the grid.

	Inglaterra	Francia	Italia	Escocia	Gales	Irlanda	Canadá
Nacionalidad							
Idioma							

Vocabulario

Nombres	Nouns
el actor	actor
la actriz	actress
el apellido	surname
el baile popular	popular / regional dance
el bar	bar
el camarero	waiter
la camarera	waitress
la ciudad	city
el/la compañero/a	partner
la cultura	culture
el/la estudiante	student
la fiesta	party / celebration
la foto	photo
el futbolista	footballer
la gente	people
la gramática	grammar
el idioma	language
el mar	sea
la montaña	mountain
el monumento	monument, famous site
el mundo	world
el museo	museum
el nombre	noun
el país	country
la pareja	couple / partner
la persona	person
la playa	beach
la pregunta	question
la princesa	princess
el príncipe	prince
profesor(a)	teacher
la respuesta	answer
el señor	man / Mr
la señora	woman / Mrs
la tarea	task
el tema	topic
la universidad	university
las vacaciones	holidays

Verbos	Verbs
aprender	to learn
bailar	to dance
conocer	to know
disfrutar	to enjoy
entender (ie)	to understand
escribir	to write
estudiar	to study
hablar	to speak
hay (haber)	there is, there are
ir	to go
leer	to read
llamarse	to be called
practicar	to practise
probar (ue)	to try
querer (ie)	to want
ser	to be
tener	to have
tocar	to play (an instrument)
trabajar	to work
ver	to see
viajar	to travel
visitar	to visit
vivir	to live

Países y Nacionalidades	Countries and Nationalities
Alemania	Germany
América	America
Argentina	Argentina
Bolivia	Bolivia
Brasil	Brazil
Colombia	Colombia
Chile	Chile
China	China
Ecuador	Ecuador
Escocia	Scotland
Estados Unidos	U.S.A.
Francia	France
Gales	Wales
Grecia	Greece
Guatemala	Guatemala
Holanda	Holland
Inglaterra	England
Irlanda	Ireland
Italia	Italy
Japón	Japan
México	Mexico
Nicaragua	Nicaragua
Perú	Peru
Rusia	Russia
Uruguay	Uruguay
Venezuela	Venezuela
alemán(a)	German
americano/a	American
argentino/a	Argentinian
boliviano/a	Bolivian
brasileño/a	Brazilian
colombiano/a	Colombian
chileno/a	Chilean
chino/a	Chinese
ecuatoriano/a	Ecuadorian
escocés/esa	Scottish
americano/a	American
francés/esa	French
galés/esa	Welsh
griego/a	Greek
guatemalteco/a	Guatemalan

holandés/esa	*Dutch*	**Números**	***Numbers***
inglés/esa	*English*	cero	*zero*
irlandés/esa	*Irish*	uno	*one*
italiano/a	*Italian*	dos	*two*
japonés/esa	*Japanese*	tres	*three*
mexicano/a	*Mexican*	cuatro	*four*
nicaragüense	*Nicaraguan*	cinco	*five*
peruano/a	*Peruvian*	seis	*six*
ruso/a	*Russian*	siete	*seven*
Venezuela	*Venezuela*	ocho	*eight*
uruguayo/a	*Uruguayan*	nueve	*nine*
venezolano/a	*Venezuelan*	diez	*ten*
		once	*eleven*
Expresiones útiles	***Useful phrases***	doce	*twelve*
¿Cómo te llamas?	*What are you called?*	trece	*thirteen*
¿Cómo se llama usted?		catorce	*fourteen*
¿De dónde eres?	*Where are you from?*	quince	*fifteen*
¿De dónde es usted?		dieciséis	*sixteen*
¿Dónde vives?	*Where do you live?*	diecisiete	*seventeen*
¿Dónde vive usted?		dieciocho	*eighteen*
¿Dónde quiere(s) viajar?	*Where do you want to travel to?*	diecinueve	*nineteen*
		veinte	*twenty*
¿Cuál es tu (su) número de teléfono?	*What is your phone number?*		
¿Qué estudia(s)?	*What do you study? What are you studying?*		

Vida de estudiantes
Guía de la unidad

En esta unidad vas a:
In this unit you will:

★ *hablar de la rutina diaria, fechas y horas*
talk about daily routine, dates and times

★ *hablar sobre los estudios y el trabajo*
talk about studies and work

★ *hablar sobre pasatiempos y quedar con un amigo/a*
talk about hobbies and arrange to meet a friend

Repaso

en pareja **1**

Aquí hay fotos de cuatro personas famosas. Relaciona las frases con cada persona. Here are the photographs of four famous people. Match the statements with each person.

a   b   c   d

a) Me llamo Pedro Almodóvar.   **b)** Soy guatemalteca.

c) Soy director de cine.   **d)** Soy española.

e) Soy cantante.   **f)** Me llamo Rosario Flores.

g) Me llamo Rigoberta Menchú.   **h)** Me llamo Cristina de Borbón.

Compara con tu compañero/a y describid estas fotos en tercera persona. Check with your partner and describe each photo using the third person.

Ejemplo: **A** Rosario Flores es cantante.

                B Sí, y es española …

Aperitivo

Fechas y rutina diaria

1

A *Escucha la conversación donde Robert y Begoña comparan horarios. Marca cada día de la semana mencionado en la lista de abajo.* Listen to this conversation in which Robert and Begoña are comparing their timetables. Tick each day of the week you hear on the list below.

Los días de la semana

el lunes _____ ❑   el martes _____ ❑   el miércoles _____ ❑

el jueves _____ ❑   el viernes _____ ❑   el sábado _____ ❑

el domingo _____ ❑

B *Ahora deduce el equivalente en inglés y escríbelo al lado del español.* Now work out the English equivalent and write it next to the Spanish.

C *Mira la lista de los meses españoles. Después escucha la conversación otra vez. ¿Cuál es el mes del examen? Márcalo.* Look at the list of Spanish months. Then listen to the conversation again. Which is the examination month? Tick it.

Los meses del año

enero ❑   febrero ❑   marzo ❑   abril ❑

mayo ❑   junio ❑   julio ❑   agosto ❑

septiembre ❑   octubre ❑   noviembre ❑   diciembre ❑

D *Escucha otra vez. ¿Cuándo es el cumpleaños de Begoña? Marca la fecha.* Listen again. When is Begoña's birthday? Tick the date.

el quince de mayo ❑   el once de marzo ❑   el trece de junio ❑

el doce de mayo ❑   el trece de mayo ❑

2

¿Cuándo es tu cumpleaños? Mi cumpleaños es el diecinueve de septiembre. Deduce cuándo es tu cumpleaños y díselo a tu compañero/a. Quizá necesites más números. When is your birthday? My birthday is on the 29th of September. Work out when your birthday is and tell your neighbour. You might need some more numbers.

21   veintiuno
30   treinta
31   treinta y uno
40   cuarenta
41   cuarenta y uno
50   cincuenta
51   cincuenta y uno
60   sesenta

 3

Túrnate con tu compañero/a y haz estas preguntas. Take turns with your partner to ask and answer these questions.

1 ¿Cuántos días hay en febrero?

2 ¿Cuántos días hay en septiembre?

3 ¿Cuántos días hay en julio?

4 ¿Cuántos segundos tiene un minuto?

5 ¿Cuántas horas tiene un día?

6 ¿Cuántos meses tiene un curso académico?

7 ¿Cuántos meses hay en tres años?

8 ¿Cuántos días hay en dos meses?

4

A *Aquí hay algunos verbos conocidos y otros nuevos. Relaciona las formas de la lista con los infinitivos indicados debajo, que terminan en **-ar**, **-er**, o **-ir**. Después escribe los significados.* Here are some familiar and some new verbs. Match up the forms in the list with their infinitives below (ending in either **-ar**, **-er**, or **-ir**). Then write their meanings.

estudiamos ___ ☐   tomo ___ ☐   tengo ___ ☐

nos relajamos ___ ☐   nos preparamos ___ ☐   trabajan ___ ☐

vas ___ ☐   salís ___ ☐   comemos ___ ☐

escribimos ___ ☐   estoy ___ ☐

1 comer   **2** escribir   **3** estar

4 tener   **5** tomar   **6** relajarse

7 estudiar   **8** prepararse   **9** trabajar

10 ir   **11** salir

B Do you remember how regular verbs work? Complete the table.

	-ar	-er	-ir
(yo)	estudi _____	com _____	escrib _____
(tú)	estudi _____	com _____	escrib _____
(él, ella, usted)	estudi _____	com _____	escrib _____
(nosotros/as)			
(vosotros/as)	estudiáis	coméis	escribís
(ellos, ellas, ustedes)	estudian	comen	escriben

Primer plato

¿Qué hora es? / La rutina diaria

The 24-hour clock

1

¿Qué hora es? Es la … . Son las … .

A *Mira los relojes y elige las horas que corresponden a cada uno.* Look at the watches and choose the times which correspond to each one.

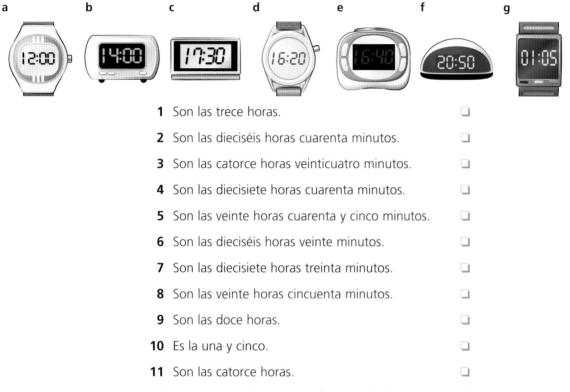

a   b   c   d   e   f   g

1 Son las trece horas. ❏

2 Son las dieciséis horas cuarenta minutos. ❏

3 Son las catorce horas veinticuatro minutos. ❏

4 Son las diecisiete horas cuarenta minutos. ❏

5 Son las veinte horas cuarenta y cinco minutos. ❏

6 Son las dieciséis horas veinte minutos. ❏

7 Son las diecisiete horas treinta minutos. ❏

8 Son las veinte horas cincuenta minutos. ❏

9 Son las doce horas. ❏

10 Es la una y cinco. ❏

11 Son las catorce horas. ❏

Why do we sometimes say **Es la …** and other times **Son las …**?

B *Con tu compañero/a túrnate para preguntar y dar la hora.*
With your partner, take turns to ask and give the time.

Ejemplo: **A** ¿Qué hora es?

B Son las once horas diez minutos.

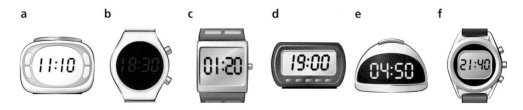

a   b   c   d   e   f

The 12-hour clock

2 ¿Qué hora es? Es la ... . Son las ... .

A *Mira las horas según el reloj de 12 horas y escribe las horas en cada reloj.*
Look at the times according to the 12-hour clock and write the times
next to each clock.

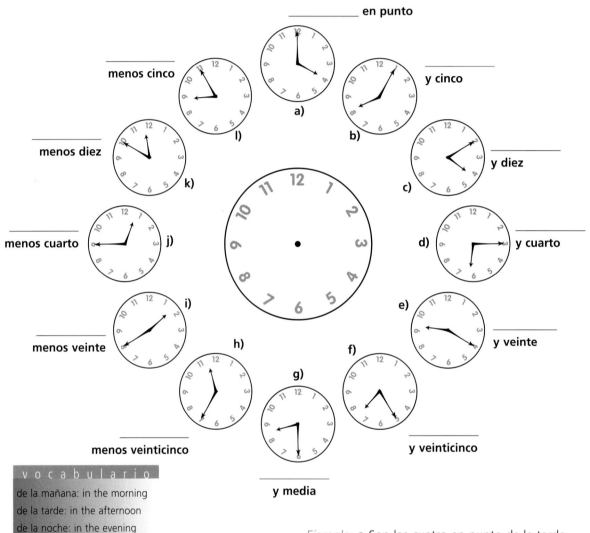

_____ **en punto**

menos cinco _____

menos diez _____

menos cuarto _____

menos veinte _____

menos veinticinco _____

a)   b)   c)   d)   e)   f)   g)   h)   i)   j)   k)   l)

y cinco _____

y diez _____

y cuarto _____

y veinte _____

y veinticinco _____

y media _____

vocabulario

de la mañana: in the morning
de la tarde: in the afternoon
de la noche: in the evening
del mediodía: at midday
de la medianoche: at midnight

Ejemplo: **a** Son las cuatro en punto de la tarde.

B *Mira estas frases y escribe la hora en números al lado, usando el sistema
24 horas.* Look at the following sentences and write in the time in
figures, using the 24-hour system.

Ejemplo: Son las cuatro menos cuarto de la tarde.   <u>15.45</u>

¿Qué hora es?

1 Es la una y cuarto de la tarde. _____

2 Son las dos y veinte de la tarde. _____

3 Son las cuatro y diez de la tarde. _____

4 Es la una y veinte del mediodía. _____

5 Son las once y cuarto de la noche. _____

6 Son las once de la mañana. _____

7 Es la una del mediodía. _____

8 Son las cuatro de la tarde. _____

9 Son las doce de la noche (medianoche). _____

10 Son las dos de la madrugada. _____

★ **Nota cultural**

The 24-hour clock is used as in other countries for formal situations such as giving flight or train times. Use the 12-hour clock for talking about the time on a day-to-day basis.

 **3**

¿A qué hora abre?

¿Podéis relacionar los horarios con las preguntas y respuestas a la página 30? Can you match the opening times with the questions and answers on page 30?

1

Biblioteca
Abierta de 9 a 7 de la tarde de lunes a viernes excepto en días festivos.
Abierta todo el año.

2

Catedrático de Lengua y literatura
Dr. Rafael Ortíz
Consultas con estudiantes los martes por la tarde (de 4 a 6)

3

Librería Cervantes
Horario:
9.00h–13.00h
17.00h–20.00h
Todos los días excepto sábados y domingos.

4

Bar la Asignatura
Abierto todos los días (10h–20h) excepto los sábados y domingos.
Cerrado en agosto.

5

Matrículas:
de lunes a viernes sólo por las mañanas (9.00–13.00).
Del 1 al 15 de septiembre.

6

Horario de autobuses
Laborables cada media hora de 7.00 a 20.00.
Sábados y domingos cada hora en punto.

---

v o c a b u l a r i o

abierto/a: *open*
cerrado/a: *closed*
salir: *to go out*
la librería: *bookshop*
la biblioteca: *library*
la mañana: *morning*
la tarde: *afternoon*
la noche: *night*
la matrícula: *registration*
el catedrático: *professor*

a) ¿A qué hora abre y cierra? Abre **a las** diez de la mañana y cierra **a las** ocho de la tarde. ❑

b) ¿A qué horas tiene consulta? Tiene consulta **de** cuatro **a** seis de la tarde. ❑

c) ¿A qué hora sale el primero? El primero sale **a las** siete de la mañana y el último sale **a las** ocho de la noche. ❑

d) ¿Qué horario tiene? Abre **desde las** nueve de la mañana **hasta las** siete de la tarde. ❑

e) ¿Qué horario tienen? Trabajan sólo desde las nueve hasta las trece horas los días laborables. ❑

f) ¿Qué horario tiene? Por la mañana abren **de** nueve **a** una, y por la tarde abren **de** cinco **a** ocho. ❑

> *Laboratorio de lengua*
>
> When talking about the time, you need to distinguish between two structures:
>
> ▩ What time is it? ¿Qué hora es?
> Es la una / son las dos.
>
> ▩ At what time (does the bar open)? ¿A qué hora (abre el bar)?
> A las siete.
>
> You can add more information:
> *Cierra por la mañana / por la tarde / por la noche.*
> It closes in the morning, in the afternoon, in the evening.
>
> *Está abierto de / desde las ocho a / hasta la una.*
> It's open from eight to one.

A *Begoña habla de su rutina diaria. Relaciona las siguientes frases.* Begoña is talking about her daily routine. Match up the following sentences.

1 Ceno   **a)** a las nueve de la noche.

2 Llego a casa   **b)** a las ocho y diez de la noche.

3 Me ducho   **c)** a las seis y media de la tarde.

4 Me echo una siesta   **d)** a la una y media.

5 Me acuesto   **e)** a las doce en punto de la noche.

6 Desayuno   **f)** a las dos del mediodía.

7 Me levanto   **g)** a las ocho y veinte de la mañana.

8) Veo la tele   **h)** a las nueve y cuarto de la mañana.

9) Como   **i)** hasta las cuatro de la tarde.

---

v o c a b u l a r i o

cenar: *to have dinner*
llegar: *to arrive*
ducharse: *to shower*
echarse una siesta: *to have a siesta*
acostarse: *to go to bed*
desayunar: *to have breakfast*
levantarse: *to get up*
comer: *to eat, have lunch*

Primer plato

B *¿Puedes ponerlas en orden cronológico?* Can you put them in chronological order?

> Some verbs are reflexive and carry an extra pronoun, usually in front of the verb. The example in Unit 1 was **llamarse** (**me llamo**, I am called or I call myself). These pronouns refer or reflect back to the subject and can sometimes be translated by 'myself', 'yourself' etc. There are three examples below.
>
> Note that the extra pronoun is attached to the end of the verb in the infinitive form. This is why you see this form in the vocabulary boxes.

Pron. Reflexivos	-ar	Ejemplo: ducharse	-er	Ejemplo: ponerse (la chaqueta, unos guantes)	-ir	Ejemplo: aburrirse
(yo) **me**	**-o**	me ducho	**-o**	me pongo	**-o**	me aburro
(tú) **te**	**-as**	te duchas	**-es**	te pones	**-es**	te aburres
(él, ella, usted) **se**	**-a**	se ducha	**-e**	se pone	**-e**	se aburre
(nosotros/as) **nos**	**-amos**	nos duchamos	**-emos**	nos ponemos	**-imos**	nos aburrimos
(vosotros/as) **os**	**-áis**	os ducháis	**-éis**	os ponéis	**-ís**	os aburrís
(ellos, ellas, ustedes) **se**	**-an**	se duchan	**-en**	se ponen	**-en**	se aburren

5 ¿Quién dice qué? Relaciona cada dibujo con las frases correspondientes. Who says what? Match up each picture with the appropriate sentences.

Ejemplo: Me divierto mucho en las fiestas de la universidad. Nunca me aburro con mis amigos. B

a    **b**    **c**

vocabulario

aburrirse: *to get bored*
arreglarse: *to get ready*
dedicarse a: *to do, dedicate oneself to*
divertirse (ie): *to enjoy oneself*
escuchar: *to listen*
faltar a clase: *to miss a class*
interesarse en: *to be interested in*
pensar (en): *to think (of)*
vestirse (i): *to get dressed*

1 Me llamo Pedro. Me intereso por la naturaleza. ❑

2 Escribimos emails a nuestro hijo todas las semanas. Pensamos mucho en nuestro hijo en la universidad. ❑

3 Siempre me levanto a las ocho de la mañana para llegar pronto a la universidad. ❑

treinta y uno **31**

4 Me llamo Carmen, y de lunes a viernes sólo me dedico a estudiar. Los fines de semana salgo con mis amigos. ❑

5 Los días que tengo clase, siempre me ducho y me visto con tiempo. ❑

6 Nos llamamos Teresa y Manuel y nos interesamos mucho por nuestra familia. ❑

7 Me dedico a escuchar música y salir con los amigos. ❑

8 Nunca me levanto a tiempo, llego siempre tarde a clase de económicas. A veces falto a clase. ❑

9 Normalmente nos duchamos y nos arreglamos antes de ir a trabajar. ❑

6

Haz preguntas a tu compañero/a sobre su rutina diaria usando la segunda persona singular (informal, tú). Escribe una X en la casilla correspondiente. Ask your partner questions about his/her daily routine using the second person singular (informal tú form). Tick the box that corresponds.

Ejemplo: A ¿Te levantas pronto normalmente?
B Sí, todos los lunes. / No, nunca.

vocabulario

los lunes: *on Mondays*
una vez al día: *once (one time) a day*
todos los días: *every day*
dos veces a la semana: *twice a week*
bastante: *quite a lot*
casi: *almost*
nunca: *never*

Todos los días / Los lunes, los martes...	Una / dos / X veces al día / Bastante	Una / dos / X veces a la semana / al mes	Muchas veces	A veces	Casi nunca / Alguna vez	Nunca
Levantarse pronto						
Bañarse/ducharse						
Escribir emails						

Radical-changing verbs

A number of Spanish verbs change the vowel in the stem. There are three types: where

■ 'o' changes to 'ue': *volver, vuelvo*;

■ 'e' changes to 'ie': *empezar, empiezo*;

■ 'e' changes to 'i': *vestir, visto*;

They are indicated in the vocabulary sections in the following way: *volver (ue)* to return. Look at some examples:

Verbs with radical change 'o' to 'ue'

	volver (to return)
(yo)	**vue**lvo
(tú)	**vue**lves

(él, ella, usted)	v**ue**lve
(nosotros/as)	volvemos
(vosotros/as)	volvéis
(ellos, ellas, ustedes)	v**ue**lven

Verbs with radical change 'e' to 'ie'

	empezar (to begin)
(yo)	emp**ie**zo
(tú)	emp**ie**zas
(él, ella, usted)	emp**ie**za
(nosotros/as)	empezamos
(vosotros/as)	empezáis
(ellos, ellas, ustedes)	emp**ie**zan

Verbs with radical change 'e' to 'i':

	vestirse (to get dressed)
(yo)	me v**i**sto
(tú)	te v**i**stes
(él, ella, usted)	se v**i**ste
(nosotros/as)	nos vestimos
(vosotros/as)	os vestís
(ellos, ellas, ustedes)	se v**i**sten

 **7**

A Look back at the unit so far and see if you can find more examples of verbs of this category.

B Have a look at each verb table. What is the pattern in the verb change?

C Complete the table.

	poder (ue) (to be able to)	querer (ie) (to want)	acordarse (ue) (to remember)	despertarse (ie) (to wake up)	jugar (ue) (to play)	acostarse (ue) (to go to bed)
(yo)	puedo					
(tú)					juegas	
(él, ella, usted)			se acuerda			
(nosotros/as)		queremos				
(vosotros/as)						os acostáis
(ellos, ellas, ustedes)				se despiertan		

Segundo plato

Cursos y empleos para estudiantes

1 *Lee el texto sobre el calendario académico de las universidades españolas y después intenta relacionar los párrafos (1–6) con las frases de abajo. Escribe el número del párrafo en la casilla correspondiente.* Read the text about the academic calendar in Spanish universities and then try to match the paragraphs 1–6 with the sentences below. Write the paragraph number in the appropriate box.

EL CALENDARIO

1 El año académico está dividido en tres trimestres.

2 El primero empieza a finales de septiembre o a principios de octubre para estudios superiores y más tarde para cursos de postgrado.

3 Las vacaciones comienzan en Navidad, desde el 22 de diciembre hasta el 8 de enero aproximadamente.

4 Las fiestas españolas más importantes de Navidad son el 24, 25, 31 de diciembre, y el 5 y 6 de enero cuando celebramos Los Reyes con regalos y celebraciones familiares. El 6 de enero es fiesta nacional.

5 Las vacaciones de Pascua por lo general duran un poco más de una semana.

6 Hay también lo que llamamos *puentes* que son días festivos en martes o jueves que significan que los fines de semana duran cuatro días en vez de dos. También hay fiestas locales y nacionales o, como las llamamos aquí, *días de fiesta*.

(Adapted from www.universia.es)

---

vocabulario

comenzar(ie): *to start*

las vacaciones: *holidays*

durar: *to last*

el regalo: *present*

el puente: *bridge* (here, an extra holiday)

a) El día de los Reyes Magos es el seis de enero, fiesta nacional, y es el día en que los niños abren los regalos. ❑

b) Otras vacaciones son los puentes y las fiestas nacionales y locales. ❑

c) La Semana Santa dura una semana y media más o menos. ❑

d) Hay tres trimestres en el año académico. ❑

e) Las personas que trabajan sólo tienen vacaciones los días de fiesta nacional. ❑

f) Normalmente las vacaciones de Navidad son del veintidós de diciembre al ocho de enero para los estudiantes. ❑

2 *Escucha a Begoña y a Carlos hablar sobre sus clases.* Listen to Begoña and Carlos talk about their classes.

A *¿En qué día quedan?* What day do they plan to meet?

B *Escucha otra vez y marca con una ✓ las asignaturas que oyes.*
Listen again and tick the subjects you hear.

Biología	❏	Estadística	❏
Español	❏	Historia	❏
Finanzas	❏	Metodología	❏
Matemáticas	❏	Programación	❏
Inglés	❏	Física	❏

C *Mira estos horarios y escucha otra vez. ¿Cuál es el horario de Carlos y de Begoña?* Look at these timetables and listen to the conversation again. What are Begoña's and Carlos's timetables?

Tienen clase	Begoña	Carlos
Todos los días por la noche		
De lunes a viernes de 9.30 a.m. a 1.30 p.m.		
De lunes a viernes de 8.00 p.m. a 10 p.m.		
Los lunes, martes y miércoles 3 horas		
Los lunes y miércoles 4 horas		
Los miércoles y los jueves 3 horas		
Los martes, jueves y viernes 3 horas		
Todos los días por la mañana		

en pareja **3**

Leed el texto de posibilidades de empleo para los estudiantes y decidid si las frases siguientes son verdaderas o falsas. Intentad corregir las falsas.
Read the text about employment possibilities for students and decide if the statements that follow are true or false. Try to correct those which are false.

Para los estudiantes en España no es muy fácil encontrar un empleo de media jornada o para los fines de semana.

Deben trabajar como camarero/a o como *relaciones públicas* en clubes o bares (entre 30 € y 60 € cada noche), aunque puede ser cansado porque la mayoría de los clubes están abiertos hasta la madrugada (cinco, seis, siete a.m...). Los estudiantes extranjeros tienen la oportunidad de ganar dinero con clases privadas. La enseñanza de idiomas en las escuelas españolas a veces es deficiente, y muchos padres quieren a personas nativas para enseñar (inglés / francés / alemán) a sus niños fuera de los horarios del colegio y mejorar sus habilidades lingüísticas. Para dar clases privadas no es necesario ser profesor titulado. Para anunciarte como profesor privado tienes que pegar anuncios en

> varias tiendas o locales (tienes que preguntar al dueño de la tienda) o poner un anuncio en uno de los periódicos locales de anuncios gratis. Debes poner un número de teléfono para que los clientes potenciales puedan telefonearte.
>
> (Adapted from www.universia.es)

1 Los clubes se cierran a las dos de la mañana.

2 Es difícil encontrar un trabajo de media jornada o para los fines de semana.

3 Si quieres enseñar tienes que poner muchos anuncios.

4 Los estudiantes extranjeros no titulados tienen la oportunidad de enseñar inglés / alemán / francés en clases privadas.

Expressing obligation

There are several different ways of telling others to do, or not to do, a particular action.

■ If you are talking to someone in particular, use *tener* + *que* + infinitive:
Si queremos aprobar, tenemos que estudiar para los exámenes de junio.
If we want to pass, we have to study for the June exams.

■ If you are talking more generally, use *es necesario*:
Es necesario estudiar para aprobar. It is necessary to study in order to pass (an exam).

■ Another way of expressing obligation is *hay* + *que* + infinitive:
Hay que escuchar atentamente. You have to / It is necessary to listen carefully.

■ You can also use *deber* (should, ought to) + infinitive
Debo levantarme a las 8 para llegar pronto a clase.
I must get up at 8 to get to class on time.

4 *Escribid posibles consejos a Víctor: utilizad las expresiones que acabáis de aprender.* Give Víctor some advice. Use the expressions you have just learned. Use some of these words:

temprano	más	practicar	despacio	buscar

a) Me levanto tarde y siempre llego tarde. _____

b) Me aburro y no entiendo las clases. _____

c) Me acuesto tarde todos los días. _____

d) Desayuno sólo un café deprisa y corriendo. _____

e) No hablo bien inglés. _____

f) No encuentro trabajo. _____

Postre

Tiempo libre

1

Voy a salir. I am going to go out.

Mira estos dibujos; ¿puedes relacionarlas con las frases? Una frase corresponde a más de una imagen. Look at these pictures; can you match them with the sentences? One of the statements relates to more than one picture.

1   **2**   **3**

4   **5**   **6**

v o c a b u l a r i o

voy a ...: *I'm going to ...*
vamos a ...: *we are going to ...*
ver la ciudad: *to go and see the city*
esquiar: *to ski*
practicar el buceo: *to go scuba diving*
relajarse: *to relax*

a) Vamos a esquiar a Granada toda la semana, hasta el domingo por la mañana. ❏

b) El lunes (día 3) por la noche voy a ir a un concierto y a bailar. ❏

c) El 5 y 6 de noviembre voy a ver la ciudad. ❏

d) El jueves, viernes, sábado y el domingo durante el día voy a ir a la playa a relajarme a casa de un amigo en la costa de Granada. Voy a practicar el buceo. ❏

e) El día 7 de noviembre, voy a pasar el fin de semana en la costa granadina con un amigo. Voy a ir a la playa. ❏

Some verbs are very irregular. *Ir*, to go, is a good example. Look at how it conjugates.

	ir
(yo)	voy
(tú)	vas
(él, ella, usted)	va
(nosotros/as)	vamos
(vosotros/as)	váis
(ellos, ellas, ustedes)	van

■ *Voy a* + infinitive means 'I am going to' and is a simple way of talking about future plans.

  2

¿Quién va a hacer qué? Who is going to do what?
Organiza las frases de la Actividad 1 según su orden cronológico y según quién las hace. Escribe los verbos en la primera persona. Organise the sentences from Activity 1 in chronological order and according to who does what. Write the verbs in the first person: voy a ...; vamos a... .

Ejemplo: El jueves, viernes, sábado y el domingo durante el día voy a ir a la playa ...

NOVIEMBRE	Teresa y Manuel	Víctor	Begoña
lunes 3			
martes 4			
miércoles 5			
jueves 6		Voy a ir a la playa ...	
viernes 7			
sábado 8			
domingo 9			

en pareja **3** Túrnate con tu compañero/a para decir lo que cada persona va a hacer durante esa semana. Recuerda que tienes que usar la tercera persona (va a / van a). Take it in turns to tell your partner what each person is doing during that week. Remember to use the third person (**va a / van a**).

Ejemplo: El lunes por la noche, tres de noviembre, Begoña va a ir a un concierto.

solo **4** **A** Mira la tabla y señala con una X las actividades que haces / practicas tú. Look at the table and write X against the activities that you do.

B Escucha ahora a Teresa y Manuel, Víctor y Begoña hablando de más actividades que hacen normalmente. Marca las actividades y deportes que hacen con una X. Now listen to Teresa and Manuel, Víctor and Begoña talking about more activities they normally do. Write X against their activities and the sports they play.

	tú	Teresa y Manuel	Víctor	Begoña
practicar la / hacer natación				
practicar el / hacer ciclismo / senderismo				
hacer colección de monedas				
practicar el / hacer esquí				
jugar al fútbol / tenis / golf				
ir de compras				
tocar la batería / la guitarra				
ver la tele				
ir a bailar				
quedar con amigos				
ir a ver el fútbol				
salir de copas				

vocabulario

quedar con: to arrange to meet
practicar senderismo: to go walking
hacer natación: to go swimming
salir de copas: to go for a drink

C ¿Qué deporte o actividad vas a hacer ... el lunes?

Ahora túrnate con tu compañero/a para preguntar lo que vais a hacer durante la próxima semana. Recuerda que tienes que usar la primera persona (voy a...). Take it in turns to ask your partner what he / she is going to do next week. Remember to use the first person (voy a...).

| *Ejemplo:* | **Tú** | ¿Qué vas a hacer el lunes / martes / ... ? |
| | **Tu compañero/a** | Por la mañana / la tarde / ... voy a ... |

Some verbs are only irregular in the first person of the Present tense. We have met two in this unit: *salir*, to go out and *hacer*, to do.

■ *Salgo a las nueve.*		I go out at nine.
	but	
¿A qué hora sales?		What time are you going out?
■ *Hago ciclismo todos los fines de semana.*		I go cycling every weekend.
	but	
¿Haces ciclismo?		Do you go cycling?

5 Vamos a quedar para tomar algo. Let's meet for a drink.

Escribid vuestras actividades en el diario semanal, dejando libre un día completo y una noche. Preguntad a diferentes compañeros para quedar para tomar algo. Write your activities in the weekly diary. Leave one whole day and one evening blank. Ask different classmates to meet you for a drink.

Ejemplo:

A ¿Estás libre el lunes por la mañana?

B No, lo siento, tengo que ir a clase de español.

A ¿Y el lunes por la tarde?

B Tampoco, voy a jugar al fútbol, pero podemos quedar el lunes por la noche, si quieres.

A Vale, entonces quedamos a las ocho en la cafetería.

B Perfecto, ¡hasta luego!

	el lunes	el martes	el miércoles	el jueves	el viernes	el sábado	el domingo
por la mañana / **in the morning**	clase de español						
por la tarde / **in the afternoon**	jugar al fútbol						
por la noche / **at night**	8.00 cafetería						

> ### ★ Nota cultural
>
> Spanish people organize their day around mealtimes. In Spain many people still go home for the main meal of the day, **la comida** or **el almuerzo**, from around 1.30 p.m. to 3.00 p.m. This period of time is called **el mediodía** (midday). This is the time for a family meal when everyone eats together. This custom is beginning to change somewhat in the bigger cities, where traffic problems make returning home at lunchtime difficult. In the afternoon, **la tarde**, some Spaniards have a siesta (more often in the summer) before returning to work. Children in particular have a **merienda** (a snack) between 5.30 and 7.00 p.m. The day finishes with supper (**la cena**, a light meal) at about 9.00 or 10.00 p.m. Sometimes people have a bite to eat and a drink just before their main meal: this is called **el aperitivo** and is very much a social activity.

Different greetings are used depending on the time of day:

por la mañana	morning till lunch time (14.00h approx.)	Buenos días
al mediodía	at main meal time (1.30h–15.00h) or 12.00h (doce del mediodía), depending on context.	Buenas tardes
por la tarde	after the main meal until supper time.	Buenas tardes
por la noche	from supper time (about 9.00h) or when it gets dark (in winter about 6.00h and in the summer about 9.30h approx.). You can say 'buenas noches' when meeting people as well as when going to bed.	Buenas noches

Café

Pronunciación

El acento en español

1 *Escucha estas palabras y subraya la silaba tónica.* Listen to these words and underline the stressed syllable.

pronunciación	música	televisión	desayunáis	clase
natación	francés	sales	estudiante	miércoles	fútbol
entras	universidad	lunes	asignatura	cafetería	deporte
español	semana	biblioteca	matemáticas	gramática
día	ponéis	decís	escribís	bicicleta

¿Qué notas? ¿Observas alguna regla? What do you notice? Do you detect any pattern?

- Most Spanish words are stressed on the next to last syllable (penultimate): <u>ca</u>sa, <u>ma</u>no.

- Words ending in consonants (except n or s) are stressed on the last syllable: profe<u>sor</u>, pregun<u>tad</u>.

- Words not following these rules have a written accent (tilde) on the stressed syllable: mi<u>llón</u>.

Tu portfolio

1

A *Busca a alguien que haga estas cosas.* Look for someone who does these things.

	Nombre
lee todos los días	
no falta nunca a clase	
practica la natación los miércoles	
juega al tenis / bádminton / fútbol / golf los fines de semana	
hace yoga / senderismo / gimnasia dos veces a la semana	
ve la televisión sólo por la noche	
estudia español dos veces a la semana	

Prepara las preguntas primero, y toma nota de las respuestas. Pon toda la información en tu portfolio. Prepare the questions first and take note of the answers. Write up the information and put into your portfolio.

B *Quieres quedar con una de estas personas. Prepara las preguntas, piensa en las horas que estás libre y las actividades que podéis hacer. Graba la conversación.* You want to meet up with one of these people. Prepare the questions, think of the times that you are free and what you can do. Record the conversation.

C *Escribid un resumen de A) y B) con detalles de lo que vais a hacer, cuándo y a qué hora.* Write a summary of the above with details of what you are going to do, when and at what time.

2 *Escribe un mensaje electrónico a un amigo español; le cuentas lo que haces en la universidad, tus horarios, los horarios de las comidas, y la rutina de estudiante.* Write an e-mail to a Spanish friend, telling him/her what you do at the university, your timetable and meal times and about your routine.

3 *Busca un programa de gramática en el Internet para practicar todo lo estudiado en esta unidad. Imprime los ejercicios y añádelos a tu portfolio.* Look for a grammar program on the Internet to practise what you have studied in this unit. Print the activities and add them to your portfolio.

4 *Quieres estudiar en una universidad española a través de un programa internacional de intercambio.* You want to study in a Spanish university through an international exchange programme.

A *Lee el texto de abajo.* Read the text below.

B *Busca la página del programa ERASMUS a ver lo que entiendes.* Look for the Erasmus pages and see what you can understand.
(http://www.universia.es/contenidos/internacionales/socrates/
Internacionales_socrates_erasmus_oficinas.htm)

C Write up a brief summary, in English, of what you have understood.

El programa de intercambio en educación superior para países miembros de la Unión Europea más común es el programa ERASMUS que se integra dentro del programa de acción educativa general de la Unión Europea SOCRATES. Mediante el programa SOCRATES-ERASMUS alumnos universitarios europeos pueden cursar sus mismos estudios de pregrado en otras universidades europeas durante un semestre o durante un curso completo. Para poder participar en el programa SOCRATES-ERAMUS el centro al que se quiere ir a estudiar debe mantener un acuerdo de intercambio con el centro al que pertenece el alumno.

Sobremesa cultural

Refranes populares

A

Lee estos refranes populares. Read these popular sayings or proverbs.

1 Para aprender a caminar, primero hay que gatear.

2 Para aprender a nadar, meterse al pozo o al mar.

3 Para bien estar, mucho hay que andar.

4 Para lograr fruto bueno, hay que abonar el terreno.

5 Para llegar al destino, hay que iniciar el camino.

6 Para saber hablar, es preciso saber escuchar.

7 Para saber, has de leer.

B

Relaciona cada refrán con su significado. Match each saying with its meaning.

a) In order to gain good fruit, you need to fertilize the ground.

b) In order to learn how to speak, it's necessary to learn how to listen.

c) In order to learn to swim, dive into the well or into the sea.

d) In order to know, you have to read.

e) In order to arrive at your destination, you have to begin the journey.

f) In order to learn to walk, first you need to crawl.

g) In order to feel good, you need to walk a lot.

The English translations give the literal meanings. In what situations do you think the proverbs would be used? What do you think their underlying meaning is?

Repaso

Ahora ya puedes: **You should now be able to:**

Entender y expresar fechas en español, la hora y la rutina diaria de otras personas.
Understand and talk about dates, times and the daily routine of other people in Spanish.

Entender y expresar tu propia rutina diaria, tu programa de estudio y trabajos de estudiantes.
Understand and talk about your own daily routine, your study programme and student jobs.

Entender y expresar las actividades que hacéis tú y otros en vuestro tiempo libre, y quedar con alguien para salir.
Understand and talk about the activities that you and others do in your spare time, and arrange to meet someone to go out with.

Test yourself on the following exercises and review any material you are not sure about before proceeding to the next unit.

1

Clasifica los verbos más usados en esta unidad según el grupo al que pertenezcan. Classify the most common verbs in this unit according to the group to which they belong.

Verbos que terminan en -ar	Verbos que terminan en -er	Verbos que terminan en -ir
terminar, to finish	comer, to eat	escribir, to write

Verbos reflexivos: -ar	Verbos reflexivos: -er	Verbos reflexivos: -ir
lavarse, to wash (oneself)	ponerse, to put something on	vestirse, to get dressed

2 Completa el cuadro con estos verbos que ya sabes. Añade las formas que faltan. Fill in the table with these familiar verbs. Add the missing forms.

	hacer	ser	practicar	lavarse	poder (ue)	empezar (ie)	tener	jugar (ue)
(yo)	hago							
(tú)						empiezas		
(él, ella, usted)			practica				tiene	
(nosotros/as)					podemos			jugamos
(vosotros/as)				os laváis				
(ellos, ellas, ustedes)		son						

3 Lee estas frases y si hay errores, corrígelos. Read the sentences and correct any mistakes.

a) Los españoles normalmente comen a las seis de la tarde.

_____

b) Un estudiante español puede trabajar por la tarde y asistir a clases a la madrugada.

_____

c) El horario de nueve a cinco de la tarde es de nocturno y el de cinco a nueve de la noche es turno de día.

_____

d) Si quieres estudiar con el programa ERASMUS, tienes que ser español.

_____

4 Rellena los espacios con la forma adecuada de los siguientes verbos. Fill in the spaces with the correct form of the following verbs.

estudiar tener (×2) trabajar
leer ser jugar

a) La Universidad Complutense _____ seis complejos deportivos.

b) Algunos universitarios _____ que estudiar durante el día y _____ por la noche.

c) Para terminar tu licenciatura, tienes que _____, _____, y _____ disciplinado.

d) ¿Quieres _____ al tenis mañana por la mañana?

Vocabulario

Nombres	Nouns
la asignatura	subject
la biblioteca	library
la Biología	Biology
el calendario	calendar
el catedrático	professor
el cine	cinema
el complejo deportivo	sports complex
la Estadística	Statistics
los estudios	studies
las Finanzas	finance
la Física	Physics
el guión	script
la Historia	History
el horario	timetable
la librería	bookshop
el libro	book
la licenciatura	degree
la madrugada	the early morning
la mañana	morning
las Matemáticas	Mathematics
la matrícula	registration
el mediodía	midday
la metodología	methodology
la noche	night
el ordenador	computer
la película	film
la Programación	Computer programming
el reloj	watch
la rutina	routine
el sindicato	Union
la tarde	afternoon
el turno (de clase)	turn, class time

Meses del año	Months
el año	year
el mes	month
enero	January
febrero	February
marzo	March
abril	April
mayo	May
junio	June
julio	July
agosto	August
septiembre	September
octubre	October
noviembre	November
diciembre	December

Estaciones	Seasons
la primavera	spring
el verano	summer
el otoño	autumn
el invierno	winter

Pasatiempos / actividades de tiempo libre	Hobbies / activities
ir al cine	to go to the cinema
ir a esquiar	to go skiing
ir de copas	to go for a drink
hacer deporte	to do sport
hacer / practicar (la) natación	to do / practise swimming
hacer / practicar (el) ciclismo	to do / practise cycling
hacer / practicar yoga	to do / practise yoga
jugar al tenis / golf	to play tennis / golf
tocar (la guitarra)	to play (the guitar)
leer libros / novelas / periódicos	to read books / novels / newspapers
ver la televisión	to watch television

Verbos	Verbs
abrir	to open
aburrirse	to be bored (oneself)
acordarse (ue) de	to remember, to think about
acostarse (ue)	to go to bed
arreglarse	to get ready, to dress up
bañarse	to bathe, to have a bath
cenar	to eat (dinner)
cerrar (ie)	to close
comer / almorzar (ue)	to eat (lunch)
dedicarse a	to do, to dedicate oneself to
desayunar	to have breakfast
despertarse (ie)	to wake up (oneself)
divertirse (ie)	to enjoy (oneself)
ducharse	to shower (to take a shower) (oneself)
echarse una siesta	to have a nap
empezar (ie)	to start
entrar	to enter
escribir	to write
estudiar	to study
faltar a clase	to miss a class
hacer	to make, to do
interesarse	to be interested in
ir a casa	to go home
jugar (ue)	to play (games, sports)
lavarse	to wash (oneself)
levantarse	to get up (oneself)
llamarse	to be called (oneself)
salir	to go out, to leave
terminar	to finish
trabajar	to work
vestirse (i)	to get dressed (oneself)
volver (ue)	to return

Días de la semana	Days of the week
(el) lunes	Monday
(el) martes	Tuesday
(el) miércoles	Wednesday
(el) jueves	Thursday
(el) viernes	Friday

(el) sábado	*Saturday*
(el) domingo	*Sunday*
la semana	*week*
el fin de semana	*weekend*

Números — ***Numbers***

20	veinte	*twenty*
21	veintiuno	*twenty-one*
22	veintidós	*twenty-two*
30	treinta	*thirty*
33	treinta y tres	*thirty-three*
34	treinta y cuatro	*thirty-four*
40	cuarenta	*forty*
45	cuarenta y cinco	*forty-five*
46	cuarenta y seis	*forty-six*
50	cincuenta	*fifty*
57	cincuenta y siete	*fifty-seven*
58	cincuenta y ocho	*fifty-eight*
60	sesenta	*sixty*

Expresiones de tiempo — ***Time expressions***

algunas veces	*sometimes*
de vez en cuando	*from time to time*
dos veces al día	*twice a day*
tres veces a la semana	*three times a week*
cuatro veces al mes	*four times a month*
muchas veces	*many times, often*
casi nunca	*hardly ever*
nunca	*never*
tarde	*late*
pronto	*early*
siempre	*always*
todos los días	*every day*

¿Dónde vives?

Guía de la unidad

Vocabulario

unidad 3 ¿Dónde vives?

En esta unidad vas a:
In this unit you will

★ *hablar sobre tu casa y decir dónde te alojas*
talk about your house and say where you are staying

★ *hablar sobre tu familia*
talk about your family

★ *hablar del alojamiento de los estudiantes universitarios*
talk about university student accommodation

Repaso

1 *Une las horas con las frases correctas.* Match the times with the correct sentences.

1 A las nueve en punto llego a la Universidad. ❏

2 Tengo que levantarme a las siete y media. ❏

3 Miro los mensajes a las nueve y doce minutos en la sala de ordenadores. ❏

4 A las cuatro y media voy a quedar con una compañera para estudiar juntos. ❏

5 Tengo un partido de fútbol a las siete y cuarto. ❏

6 Salimos a cenar para celebrar nuestro aniversario a las diez menos cuarto. ❏

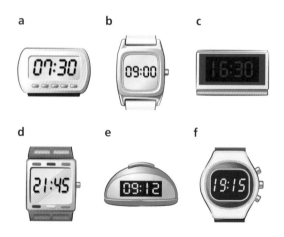

a   b   c

07:30   09:00   16:30

d   e   f

21:45   09:12   19:15

Aperitivo

¿Dónde vives?

vivir: *to live*

primer(o)/a: *first*

segundo/a: *second*

tercer(o)/a: *third*

el piso: *flat*

la casa: *house*

el recibidor: *hall*

la entrada: *entrance*

compartir: *to share*

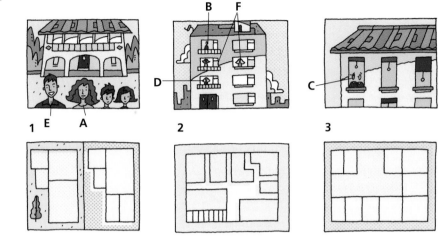

lee **en pareja** **1** ¿*Dónde viven estas personas? Relaciona cada persona con su casa (casa 1, casa 2, casa 3) y su letra (A–F) correspondientes.* Where do these people live? Match each person with his / her corresponding house (1, 2, 3) and letter (A–F).

1 Roberto Moré Ochoa

Vivo con mi familia en el tercer piso de la calle Cervantes. Tengo una habitación grande con balcón. Hay tres dormitorios más, un salón-comedor, una cocina y un recibidor muy grande en la entrada. Es una casa un poco ruidosa.

2 La Sra Chaves Echegaray

Vivimos en un chalet. Es grande. Tiene jardín. Tiene cuatro dormitorios, dos cuartos de baño, un salón, un comedor y la cocina. Es una zona muy tranquila.

3 Carlos Madrigal Santos

Vivo en una residencia y tengo una habitación con otro compañero. Tenemos también una sala común de estar, una lavandería y una cocina. Es una zona con ambiente estudiantil.

4 Isabel Alonso Lozoya

Vivo en el primer piso de la calle Cervantes con mi familia. El piso tiene cuatro dormitorios, una cocina y un salón-comedor. Es un apartamento grande. Tiene una entrada grande.

5 El Sr Gavín Fernández

Vivo con mi familia en una casa fuera de la ciudad. Tiene un jardín amplio donde pueden jugar los niños, y cuatro dormitorios, un baño arriba y otro abajo. Es una zona muy tranquila.

6 Estudiamos en la Universidad y somos de Inglaterra y Alemania. Compartimos una habitación en el segundo piso de la calle Cervantes. Somos 4 en total en el apartamento. Tiene 4 dormitorios, un baño para todos, un salón-comedor, una cocina para todos, y un hall de entrada grande. Tiene buena comunicación. Hay un metro y una parada de autobús en la misma calle.

Primer plato

Casa, apartamento o residencia

1

Robert y Begoña se encuentran y hablan de su alojamiento. Escucha la conversación y escribe el nombre correcto después de cada frase. Robert and Begoña meet up and talk about their accommodation. Listen to the conversation and write the correct name after each phrase.

1 en una casa (chalet) con su familia _____

2 en un apartamento _____

3 en una residencia o en un colegio mayor _____

4 en el centro _____

5 lejos del centro _____

6 cerca de la universidad _____

v o c a b u l a r i o

en el centro: *in the centre*

cerca de la universidad: *near the university*

lejos del centro: *far from the centre*

el chalet: *detached house*

2

Une las preguntas de Begoña con las respuestas de Robert. Después escucha la conversación otra vez y comprueba tus respuestas. Match Begoña's questions with Robert's answers. Then listen to the conversation again and check your answers.

1 ¿Vives en una casa de estudiantes o en una residencia?

2 ¿Tienes que compartir habitación con otro estudiante?

3 ¿Cómo son las habitaciones?

4 ¿Es la residencia muy grande? ¿Cuántas habitaciones tiene?

a) No, cada estudiante tiene su habitación / dormitorio.

b) Sí, tiene cinco pisos, con habitaciones para chicos y para chicas. Hay una sala de estar común, una lavandería, y una cocina y cuartos de baño en cada piso.

c) Vivo en una residencia cerca de la universidad.

d) No son grandes pero son acogedoras y luminosas.

v o c a b u l a r i o

acogedor(a): *comfortable*

cada: *each*

¿Cómo son?: *What are they like?*

¿Cuánto/a/os/as?: *How much / many?*

el/la chico/a: *boy/girl*

la lavandería: *laundry*

luminoso/a: *light*

residencia (f): *hall of residence*

3

Pregunta a tres estudiantes sobre su tipo de alojamiento. Sigue los pasos de la tabla. Ask three students about their type of accommodation. Use the prompts in the grid opposite.

	Estudiante 1	Estudiante 2	Estudiante 3
¿Vives	en el centro?		
	cerca de la universidad?		
	lejos del centro?		
¿Vives con tus padres?			
■ ¿Vives en una casa?	¿Es individual o adosada?		
■ ¿Vives en un apartamento / piso?	¿Vives con otros amigos?		
	¿Cuántas habitaciones tiene?		
■ ¿Vives en una residencia?	¿Cuántos pisos tiene?		
	¿En qué piso vives?		
¿Cómo es tu habitación?	¿Grande o pequeña?		
	¿Oscura o luminosa?		

Laboratorio de lengua

Notice how *de* (of) + *el* (the + masculine noun) combine to make *del*.
cerca de la universidad; lejos de las universidades;
cerca del apartamento; lejos de los apartamentos.
This does not happen with *de* + *él* (he).
De occurs in all sorts of expressions like the ones above: *cerca de* close to; *lejos de* far from; *al lado de* next (door) to; *al lado de la ducha* next to the shower.

en pareja

4 *Cuenta a otro estudiante la información de los tres compañeros.* Tell another student about the three other students.

Laboratorio de lengua

When talking about someone else's living arrangements, you will need to use *su(s),* his / her. Use *su* when talking about one thing (*su casa*) and *sus* if talking about more than one (*sus casas*). As you can see from the chart on page 54 *su* and *sus* are ambiguous as they can refer to his, her or your, (formal: *usted*). So *su dormitorio* can mean 'his bedroom', 'her bedroom', 'your bedroom'.

mi (my)	
tu (your informal)	habitación / dormitorio
su (her / his / your formal)	

mis (my)	
tus (your informal)	padres
sus (his / her / your formal)	

5 Escribe sobre el alojamiento de los tres compañeros a los que preguntaste en la Actividad 3. Write about the accommodation of the three students you asked in Activity 3.

6

A Víctor busca casa y habla con un agente inmobiliario. Mira la tabla mientras escuchas la conversación. ¿De qué piso hablan? Víctor is looking for a house and he speaks to an estate agent. Look at the table while you listen to the conversation. Which flat are they discussing?

	Apartamento A	Apartamento B	Apartamento C
habitación compartida	no	no	sí
zona tranquila	sí	sí	no
amueblado/a	no dice	no dice	no dice
baños	1	2	2
dormitorios	3	4	2
piso	6°	4°	5°
balcón	no	2	1

B Escucha la segunda parte y rellena los espacios del plano de abajo. Listen to the second part and fill in the gaps on the plan below.

	dormitorio	dormitorio	dormitorio	dormitorio
recibidor		pasillo		
	aseo	_____	__-comedor	cuarto_____

7 *Este es el segundo apartamento que el agente enseña a Víctor. Mira el plano, escucha la descripción y escribe el nombre de las habitaciones.*
This is the second flat the agent shows Víctor. Look at the floor plan, listen to the description and label the rooms.

vocabulario
enfrente (de): *opposite*
entre: *between*

	Tú estás aquí, en el recibidor	

8 *Escucha la descripción del tercer apartamento y escribe el nombre de las habitaciones.* Listen to the description of the third flat and label each room.

	pasillo	
	recibidor	

estar to be
You will have noticed in the two previous dialogues that the agent used the verb *estar*. *La cocina está aquí a a la izquierda.* The kitchen is here on the left.

Use this verb when you are talking about WHERE things are. It very often appears after *donde*:
¿Dónde está? Where is it? *Está en el comedor.* It's in the dining room.

9 *Este es el plano de la facultad de filosofía y letras. Decidid dónde están los diferentes departamentos.* This is the floor plan of the Faculty of Arts. Work out where the different departments are.

FACULTAD DE FILOSOFIA Y LETRAS

Primer piso

1	2	3
pasillo		
4	escaleras	5

Segundo piso

6	7	8
pasillo		
9	escaleras	10

Tercer piso

11	12	13
pasillo		
14	escaleras	15

1 Lengua española	**2** Lengua inglesa	**3** Estudios hispánicos
4 Literatura española	**5** Literatura francesa	**6** Historia de España
7 Historia de América	**8** Historia moderna	**9** Geografía
10 Estudios europeos	**11** Derecho	**12** Política
13 Biblioteca	**14** Cafetería	**15** Secretaría

Ejemplo: **A** ¿Dónde está el departamento de Lengua española?

B Está en el primer piso, al final del pasillo a la derecha.

10 **Ordinal numbers**

Completa la tabla siguiente. Complete the following table.

	Piso		Piso
1st		6th	el sexto (el sexto piso)
2nd		7th	el séptimo piso (el séptimo)
3rd		8th	el octavo piso
4th	el cuarto	9th	el noveno piso
5th	el quinto piso (el quinto)	10th	el décimo piso

Look at these sentences and compare them.

Vivo en el primer piso.   Vivo en el primero.
Estoy en el tercer curso.   Estoy en tercero.

Can you work out when the final 'o' disappears with **primero** and **tercero**?

11

Lee el siguiente texto que explica la situación de los estudiantes que viven lejos de una universidad. Luego identifica los títulos con los párrafos del texto. No tienes que entender todo. Read the following text which explains the situation of students who live far from a university. Then match the headings with the paragraphs from the text. You do not have to understand everything.

vocabulario

el alojamiento: *lodging*

el alquiler: *rent*

armar juergas: *to kick up a din*

bajo/a: *low*

caerse: *to fall*

la convivencia: *living together*

el Colegio Mayor: *hall of residence*

cruzar: *to cross*

los encargos: *jobs, errands*

fuera: *away*

el hogar: *home*

el horario: *timetable*

ir de compras: *to go shopping*

la maleta: *suitcase*

molestar: *to annoy*

necesitar: *to need*

nervioso/a: *nervous*

la norma: *rule*

la pared: *wall*

la regla: *rule*

el tablón de anuncios: *notice board*

el techo: *ceiling*

el/la universitario/a: *university student*

El arte de compartir piso (3)

A Vas a empezar la Universidad y estás nervioso. Vives fuera de la ciudad en la que vas a estudiar. Esperas con ilusión llegar con la maleta a tu nuevo hogar. Miles de preguntas te cruzan por la mente.

Necesitas tantas cosas, que lo primero que tienes que hacer es ir de compras. Piensa que no estás sólo, que miles de estudiantes de toda la geografía española, están en la misma situación.

B Tienes varias opciones de residencia: los colegios mayores, las residencias, o un piso compartido. Cada una de las opciones tiene sus pros y sus contras. La mayoría de los estudiantes busca unos compañeros y un piso de bajo alquiler. Lo que en un principio puede parecer ideal, como vemos en las películas y novelas sobre universitarios, puede convertirse en un caos.

C La convivencia exige seguir unas normas clave, una de las cuales es el respeto. Normalmente hay un turno de encargos, que no se cumple, y un horario que se respeta a ratos. Seguramente no puedes armar juergas durante la noche, para no molestar a los vecinos, o tener animales.

D El otro gran problema es el de encontrar un piso en buenas condiciones. En Madrid la oferta es enorme, pero no siempre cumple unas mínimas condiciones: las habitaciones tienen poca luz, el techo y las paredes se caen y la cocina y los baños son muy antiguos. Busca con tiempo, en los periódicos, tablones de anuncios de la facultad, en el Internet de la facultad o si no siempre puedes recurrir a agencias, que se encargan de encontrar el alojamiento adecuado.

Adapted from *de Gaceta Universitaria Junio 1995*

1 Convivir ❑   **2** Cómo es ❑

3 Vivir fuera de casa ❑   **4** Tipo de alojamiento ❑

12

A *Escribe la información del texto en la tabla.* Fill in the grid with information from the text.

Opciones de alojamiento	Normas de convivencia / reglas	Condiciones de los pisos para alquilar	Dónde buscar piso
1	1		
2	2		
3	3		

B *Ahora escucha la conversación entre Diana y Begoña y marca la respuesta correcta a las preguntas de abajo.* Now listen to the conversation between Diana and Begoña and tick the right answers to the questions below.

1 ¿Qué tipo de residencia busca Diana?

una habitación en un piso ❏   una habitación en una residencia ❏

2 Las habitaciones a través de la agencia:

son muy amplias ❏   tienen poca luz ❏   no tienen muebles ❏

3 En las residencias no se puede:

fumar ❏   escuchar la música ❏   hacer una fiesta ❏

13

A *Mira los muebles que hay en el nuevo piso de Víctor. Une cada dibujo con su nombre.* Look at the furniture in Víctor's new flat. Match each picture with its name.

a ❏   b ❏   c ❏

1 una mesa

2 unas sillas

3 una lavadora

4 una ducha

5 una nevera

6 una cama

d ❏   e ❏   f ❏

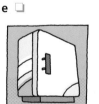

B *Ahora coloca los muebles en la habitación correcta.* Now place the furniture in the appropriate room.

Ejemplo: B 5, …

      A el cuarto de baño

      B la cocina

      C el cuarto de estar / salón

      D el dormitorio / la habitación

      E el comedor

14

A *Víctor describe su nueva habitación a su madre. Escucha la conversación y marca las palabras que oigas.* Víctor is describing his new room to his mother. Listen to the conversation and tick each word as you hear it.

la cama doble ❑   las dos mesillas ❑   el sillón ❑

la mesa ❑   el armario ❑   la televisión ❑

las lámparas ❑   las estanterías ❑   un póster ❑

otro póster ❑   el ordenador ❑   el equipo de música ❑

B *¿Cómo describe Víctor: 1 la calle, 2 la zona y 3 la habitación? Márcalo con una X.* How does Víctor describe: 1 the road, 2 the area, 3 the room? Tick the appropriate box.

1 La calle está: **a** cerca de la universidad ❑   **b** lejos de la universidad ❑

2 La zona es: **a** buena ❑ **b** mala ❑ **c** peligrosa ❑ **d** segura ❑

3 La habitación es: **a** amplia ❑ **b** grande ❑ **c** pequeña ❑
      d acogedora / confortable ❑ **e** perfecta ❑

C *Ahora mira esta habitación y decide el significado de cada expresión en la página 60.* Now look at this room and work out what each new expression on page 60 means.

La habitación de Víctor

El póster está sobre la cama.
La foto está en la pared.
El libro está debajo de la mesa.
El jersey está en el suelo.
La televisión está delante de la ventana.
La silla está delante de la mesa.

¿Qué significa?

_____
_____
_____
_____
_____
_____

D *Ahora escucha la conversación otra vez y coloca cada mueble en su sitio. Necesitarás pausar el CD.* Now listen to the conversation again and put the furniture in position. You will need to pause the CD.

1 La cama doble

2 Las dos mesillas

3 La mesa

4 El armario

5 La televisión   está

6 Las lámparas   están

7 Las estanterías

8 Un póster

9 Otro póster

10 El equipo de música

a) en la pared, sobre la cama.

b) al lado del armario.

c) encima de la mesa.

d) a cada lado de la cama.

e) a la derecha de la puerta.

f) al lado de la ventana, enfrente de la puerta.

g) encima de las mesillas.

h) enfrente de la cama, a mano izquierda.

i) en la pared sobre la mesa.

j) en el cuarto de estar.

k) sobre la cama.

Ejemplo: El equipo de música está encima de la mesa.

¿Qué significan estas frases?

A *Describid los dibujos de enfrente y decidid cuáles son las diferencias entre los dos.* Describe the pictures opposite and decide on the differences between the two.

---

v o c a b u l a r i o

a cada lado de/del: *on each side*
en la pared: *on the wall*
a mano derecha: *on the right-hand side*
a mano izquierda: *on the left-hand side*
sobre: *above*
encima de: *on top of*
debajo de: *under*
en el suelo: *on the floor*
detrás de: *behind*
delante de: *in front of*

Dibujo A: Cuarto de estar de Víctor

Dibujo B: Cuarto de estar de Begoña

Ejemplo: En el dibujo A la TV está en el suelo a la derecha, y en el dibujo B está encima de la mesa a la izquierda.

B Now write six sentences comparing the two rooms, using this model.

Ejemplo: El cuarto de estar de Víctor tiene la televisión en el suelo, <u>mientras que / en cambio / pero</u> en el cuarto de estar de Begoña la televisión está encima de la mesa.

 **16**

*Completa las formas del verbo **estar**.* Fill in the missing forms of **estar**.

(yo)	estoy
(tú)	estás
(él, ella, usted)	
(nosotros/as)	estamos
(vosotros/as)	estáis
(ellos, ellas, ustedes)	

You can use this verb to talk about where people and things are.

Remember that adjectives (*grande, pequeño, feo, bonito,* etc.) need to agree in gender (masculine and feminine) and number (singular and plural).
Look at these examples.
un piso amplio   a large flat   *pisos amplios*   large flats
una casa acogedora   a comfortable   *casas acogedoras*   comfortable
house   houses

17

*¿Cuántas frases correctas podéis hacer con **ser** y **hay**? A ver qué grupo gana.* How many sentences can you make with **ser** and **hay**? Which group has the most correct sentences?

La casa		grande pequeño/a
La habitación		bonito/a feo/a acogedor(a) frío/a
El piso	es	luminoso/a oscuro/a perfecto/a adecuado/a inadecuado/a
La calle		tranquilo/a ruidoso/a
La zona		bueno/a malo/a
El Colegio Mayor		amplio/a pequeño/a estrecho/a

You can use this verb to say what things are like.

En la casa		muchos estudiantes ingleses
En mi habitación		tres colegios mayores
En la universidad		un piso muy bueno
El el piso	hay	tres dormitorios, una cocina, un cuarto de estar y un cuarto de baño
En la calle Manzanares		muchos departamentos
En la zona del centro		una mesa, una cama, una lámpara, varios pósters, un equipo de música y un ordenador.
En el Colegio Mayor		cinco estudiantes

You can use this verb to say what there is.

Segundo plato

Mi familia

La familia de María va a Madrid a verla. ¿Quién es quién?

Manuel Castaño Orosa = Teresa Flores López

Mónica Fernández = Carlos Castaño
Garrido   Flores

Lola Castaño = Antonio Pérez
Flores   Cajal

Santiago   Roberto Castaño Flores

Antoñito   Rosario   María

1 *Mira el árbol genealógico e identifica las personas que hablan.* Look at the family tree and identify the speakers.

1 Queremos ver a nuestra hija María que estudia en Madrid. Vivimos en Málaga, cerca de mis padres. Tenemos tres hijos, dos hijas y un hijo. Los tres son muy listos. Mientras estamos en Madrid mi marido y mi hermano Carlos quieren ver un partido de fútbol y yo quiero ir de compras con mi cuñada Mónica.

2 Mi hermano y yo todavía vamos al colegio. Vivimos en Málaga y queremos ver a nuestra hermana María, la mayor. Mi hermano, mi primo y yo tenemos que ir con los abuelos mientras papá y el tío van al fútbol. Queremos ir al Parque de Atracciones y al Zoológico.

4 Estudio en la Universidad y mis abuelos, mis padres, mis hermanos, mis tíos y mi primo van a venir a verme a mi casa. ¡qué lío!

vocabulario

el abuelo: *grandfather*
la abuela: *grandmother*
el padre: *father*
la madre: *mother*
el/la hermano/a: *brother / sister*
el/la hijo/a: *son / daughter*
el/la nieto/a: *grandson / granddaughter*
el/la tío/a: *uncle / aunt*
el/la primo/a: *boy / girl cousin*
el/la sobrino/a: *nephew / niece*
el marido: *husband*
la mujer: *wife, woman*
jubilado/a: *retired*
el/la suegro/a: *father / mother-in-law*

3 Queremos ver a nuestra sobrina María. Es muy estudiosa, y está en la Universidad Complutense de Madrid. Mi mujer va a ir de compras con mi hermana Lola, y mi cuñado y yo queremos ver jugar al Real Madrid.

5 Somos jubilados. Queremos ver a nuestra nieta María en Madrid. Somos de Málaga. Tenemos tres hijos y cuatro nietos, dos nietos y dos nietas. Roberto vive con nosotros todavía, es periodista.

6 Soy de Málaga, como mis primos. Estoy en Madrid para ver a mi prima mayor que estudia en Madrid.

2

A *Mira las palabras de abajo y deduce el equivalente en inglés de las formas en plural.* Look at the words below and work out the English equivalents for the plural forms.

1 el abuelo / la abuela / <u>los abuelos</u>

2 el nieto / la nieta / <u>los nietos</u>

3 el padre / la madre / <u>los padres</u>

4 el hijo / la hija / <u>los hijos</u>

5 el tío / la tía / <u>los tíos</u>

6 el hermano / la hermana / <u>los hermanos</u>

7 el sobrino / la sobrina / <u>los sobrinos</u>

8 el suegro / la suegra / <u>los suegros</u>

9 el primo / la prima / <u>los primos</u>

B *Ahora deduce el parentesco entre los miembros de la familia.* Now work out the family relationships.

1 Manuel Castaño Orosa es el _____ de Santiago.

2 Antoñito y Rosario son _____

3 María y Santiago son _____

4 Carlos es el _____ de Rosario.

 **3**

María está en casa con su amiga. Escucha la conversación: María habla de su familia. Marca las palabras que oyes. María and her friend are at home. Listen to the conversation as she speaks about her family. Tick the words you hear.

el yerno ❑   los padres ❑   los abuelos ❑   la hermana ❑
los tíos ❑   el primo ❑   la cuñada ❑   el hermano ❑
el suegro ❑   los hermanos ❑

 **4**

Escucha la conversación otra vez y marca la respuesta correcta a las preguntas de abajo. Listen to the conversation again and tick the right answers to the questions below.

1 Los padres de María viven en:
❑ Málaga
❑ Marbella
❑ Madrid

2 En la familia de María hay:
❑ diez personas
❑ doce personas
❑ once personas

3 María tiene:
❑ dos hermanos mayores
❑ dos hermanos menores
❑ dos hermanas menores

4 Antoñito es:
❑ responsable
❑ travieso
❑ trabajador

5 Maria en Málaga tiene que:
❑ estar sola siempre
❑ compartir la habitación con su hermana
❑ salir donde quiere

6 ¿Dónde vive su tío?
❑ en un piso muy caro
❑ con sus hermanos
❑ con los abuelos de María

5 *Escucha la continuación de la conversación donde María le enseña una foto de la familia a su amiga. Relaciona cada persona con su lugar en la foto.*
Listen to the continuation of the conversation where María shows her friend a photo of the family. Say where each person is in the photo.

1 Mi madre

2 Yo

3 Mis tíos Mónica y Carlos   estoy

4 Mi primo   está

5 Mis hermanos   están

6 Mis abuelos

7 Mi abuela

8 Mi tío Roberto

a) a la derecha.

b) al lado de mi padre.

c) delante de mis padres.

d) con mis tíos.

e) delante de mis abuelos.

f) al lado de mi abuelo.

g) a la izquierda.

h) detrás de todos.

6

A *Ahora rellena las formas que faltan de los adjetivos posesivos (**mi, tu, su**, etc.). No has visto todas las formas todavía, pero puedes deducirlas.*
Now fill in the missing forms of the possessive adjectives (my, your, his, hers, etc). You have not come across all the forms yet, but you can work them out.

Adjetivos posesivos	Masculino singular	Femenino singular	Masculino plural	Femenino plural
my	___ padre	___ madre	___ padres	___ amigas
your	___ marido	___ esposa	___ familiares	___ amigas
his / her	___ hermano	___ hermana	___ hermanos	___ hermanas
our	___ abuelo	nuestra abuela	___ abuelos	___ abuelas
your	vuestro tío	___ tía	___ tíos	___ tías
their	su sobrino	___ sobrina	sus sobrinos	___ sobrinas

B *Escribe al menos seis frases sobre ti y tu familia. Usa al menos cuatro adjetivos posesivos de la tabla.* Write at least six sentences about yourself and your family. Use at least four of the possessive adjectives from the table above.

Postre

Vivir con la familia o solo

Según el Instituto de la Juventud, la mayoría de los jóvenes se independiza muy tarde. ¿Por qué?

vocabulario

la juventud (f): *youth*

el/la joven: *young person*

el/la menor: *younger, youngest*

rentable: *worthwhile*

el sueldo: *salary*

el techo: *roof*

ayudar: *to help*

dejar: *to leave*

independizarse: *to become independent*

mantenerse: *to support oneself*

mirar por: *to look after*

cuidar de: *to look after*

Nerea Chaves procede de una familia numerosa. Tiene treinta años, es la menor de seis hermanos y la única que vive todavía en la casa de sus padres.

Su madre, Marta López, de 65 años dice: "Nerea nos ayuda poco económicamente porque su sueldo – trabaja en un banco de imagen – es muy pequeño".

Nerea dice: "Es rentable vivir con mis padres porque con los salarios de ahora no podemos independizarnos.

Estoy muy bien con ellos, pero llega un momento en que quieres vivir tu vida y saber que puedes mantenerte por ti misma".

Una convivencia que tiene sus reglas porque según reconoce Nerea "vives bajo el techo de tus padres".

Para ella ser el último hijo que deja la casa familiar significa mayor responsabilidad.

Nerea dice: "Sé que al vivir con ellos soy la primera que tengo la obligación de mirar por mis padres."

Text adapted from DE REVISTA "MíA" No 844–11 Noviembre 2002 pg 18

 **1**

Decide si las siguientes frases son verdaderas (V) o falsas (F). Decide whether these sentences are true (V) or false (F).

1 La juventud española vive en la casa de sus padres hasta muy tarde.

2 Viven con sus padres porque no tienen suficiente dinero para un piso.

3 Nerea no está bien con sus padres y quiere independizarse.

4 Nerea hace lo que quiere en casa de sus padres porque no hay reglas.

5 Nerea tiene la responsabilidad de cuidar de sus padres.

6 Nerea tiene una familia pequeña.

 **2**

*Leed el texto otra vez e intentad clasificar los verbos según terminen en **-ar**, **-er**, o **-ir**.* Read the text again and try to classify the verbs according to their endings: **-ar**, **-er**, or **-ir**.

-ar	-er	-ir

Ejemplo: trabaja

3 *Mira el texto y busca los adjetivos posesivos. Clasifícalos según su género y persona.* Look at the text and find the possessive adjectives. Classify them according to gender and person.

Adjetivos posesivos	Masculino singular	Femenino singular	Masculino plural	Femenino plural
my			ej: mis padres	
your				
his / her				
our				
your				
their				

4 ***Hogar fuera de casa* A home from home**

A *Mirad los anuncios de diferentes residencias y un apartamento en la página 68.* Look at the adverts for different halls of residence and for a flat on page 68.

Todas las habitaciones son luminosas, confortables y tienen todos los detalles necesarios para vivir cómodamente mientras el residente realiza un trabajo de estudio e investigación.

← →   ✕

1 COLEGIO MAYOR RESIDENCIA DE ESTUDIANTES "FERNANDO DE LOS RÍOS":

Campus de Jetafe

Tiene una capacidad para 370 residentes distribuidos en 160 habitaciones dobles, 26 individuales, 10 apartamentos y 4 habitaciones especiales para residentes con minusvalías físicas.

Sus habitaciones disponen de un cuarto de baño individual completo, una cocina con dos hornillos eléctricos, un frigorífico bajo con congelador, campana extractora de humos, fregadero, escurreplatos y armarios de cocina.

← →   ✕

2 COLEGIO MAYOR RESIDENCIA DE ESTUDIANTES "FERNANDO ABRIL MARTORELL":

Campus de Leganés

Este centro está dotado de 200 habitaciones distribuidas en 100 dobles y 100 individuales, 6 de ellas especiales para residentes con minusvalías físicas.

Todas las habitaciones disponen de cuarto de baño completo. Además las dobles disponen de dos baños, uno con aseo y lavabo y otro con bañera y lavabo. Otro aspecto importante es que cuenta con una zona destinada a sala de estar con un sofá y una mesa baja para los momentos de lectura y descanso.

← →   ✕

3 COLEGIO MAYOR RESIDENCIA DE ESTUDIANTES "ANTONIO MACHADO"

Campus de Colmenarejo

La situación privilegiada de esta Residencia, enclavada en plena naturaleza de la Sierra de Madrid, a sólo 35 minutos de la capital, hace de la misma un lugar idóneo para todo estudiante que precise un ambiente tranquilo y sereno para el estudio.

← →   ✕

4 APARTAMENTO PARA ALQUILAR

Excelente para estudiantes. 15 min. Uni. Comp Tres dormitorios. Habitaciones dobles amplias. Bien comunicado. Norte/centro de Madrid c/ Franco Rodríguez 56–3º D

Adapted from Universia Web page: www.universia.es

B *Completad la tabla con la información de los diferentes tipos de alojamiento. No podréis completer todas las casillas.* Complete the grid with information about the different types of accommodation. You will not be able to fill all the boxes.

	Capacidad para	Tipos de habitación	Otras habitaciones	Localización	Detalles sobre las habitaciones
Apartamento:					
Colegio mayor: Fernando de los Ríos					
Colegio mayor: Fernando Abril Martorell					
Colegio mayor: Antonio Machado					

5 *Queréis ir a España a estudiar. Decidid qué alojamiento queréis y por qué. Usa las siguientes estructuras.* You want to go and study in Spain. Decide which accommodation you want and why. Use the following structures.

Ejemplo: **A**   ¿Qué tipo de alojamiento quieres / prefieres? ¿Por qué?

B   Prefiero / preferimos la residencia / el apartamento / de …

Creo / Creemos que / el piso es … (I think / we think that …)

Es mejor porque … (It's better because …)

Quiero / queremos …

Puedo / podemos …

6 *Primero mira lo que podrían decir María, Víctor, Robert y Begoña al hablar sobre su alojamiento. Después escucha y elige la respuesta correcta.* First read what María, Víctor, Robert and Begoña might say when talking about their accommodation. Then listen and choose the right answer.

1 Víctor habla sobre su piso:

cree que su piso está muy desordenado. ❑

no cocina mucho y tampoco limpia mucho. ❑

2 María cree que un piso es mejor:

porque puede usar toda la casa y estar con sus amigos. ❑

porque no tiene que limpiar ni cocinar. ❑

3 Begoña piensa que vivir con sus padres:

es mejor porque tiene más tiempo para estudiar. ❑

tiene ventajas pues no tiene que cocinar y desventajas porque no tiene independencia. ❑

4 Robert prefiere la residencia:

porque puede quedarse en su habitación o charlar con la gente en la sala de estar. ❑

porque tiene que cocinar y tiene una habitación para él solo. ❑

---

v o c a b u l a r i o

desordenado/a: *untidy*
la desventaja: *disadvantage*
la ventaja: *advantage*
charlar: *to chat*
cocinar: *to cook*
limpiar: *to clean*
quedarse: *to stay*

7 *Escucha otra vez y marca los verbos que oyes.* Listen again and tick the verbs you hear.

desayunar ❑   cocinar ❑   comer ❑   llegar tarde ❑   creer ❑
compartir ❑   controlar ❑   limpiar ❑   tener ❑   vivir ❑
querer ❑   estar ❑   merendar ❑   cenar ❑   hacer ❑

Café

Pronunciación y Ortografía

La g

1 *Escucha cómo se pronuncian estas palabras y repítelas.* Listen to how these words are pronounced and repeat.

fre**ga**dero ❑	co**ger** ❑	**gui**tarra ❑
García ❑	privile**gio** ❑	**gue**rra ❑
fri**go**rífico ❑	cole**gio** ❑	**gui**sado ❑

2 *Escucha las palabras otra vez y escribe una 'g' al lado de las palabras que tienen el sonido /g/, como la 'g' en 'girl' y una 'X' en las que tienen el sonido similar a 'ch' /x/ como en la palabra escocesa 'loch'.* Listen again and write a 'g' next to the words with a /g/ sound (like the 'g' in 'girl') and 'x' next to those with a /x/ sound (like the Scottish 'loch').

3 ¿Qué regla puedes deducir para usar los sonidos /g/ o /x/? What rule can you work out to decide which of these sounds to use?

Tu portfolio

1

A On the Internet, look for sites of Spanish estate agents. Find:

■ a house to share with your friends. It must be furnished and have three bedrooms and one or two bathrooms. Choose the best one and then describe the rooms and their furniture in Spanish. Write at least one paragraph.

B Write an advert in Spanish asking for a flat for both you and a friend, specifying the different rooms you need and other facilities. Start your advert with SE BUSCA (we are looking for…).

2 Ask someone from your class about their family. Draw a family tree and give information, in tabular form, about each family member, specifying age, profession, place of residence and any other relevant information.

Sobremesa cultural
La emancipación

Lee el texto y contesta las preguntas. Read the text and answer the questions.

v o c a b u l a r i o

la edad media: *average age*

dejar: *to leave*

casarse: *to get married*

llevando la ropa (llevar):
   taking the clothes

se van a vivir fuera (irse):
   they leave home (go away to live)

1 La edad media de emancipación varía de los hombres a las mujeres. Las mujeres dejan la casa familiar a los 27,7 años, mientras que los hombres lo hacen a los 28,5.

2 El 41% de los hombres entre los 28 y 30 años de edad sigue residiendo con sus padres. Este porcentaje se reduce casi a la mitad en el caso de las mujeres.

3 Un 81,5 % de jóvenes entre 28 y 30 años deja la casa de sus padres para casarse.

4 Un 73,3% de jóvenes entre los 31 y los 34 años optan por dejar la casa de sus padres para emanciparse. Y un 51,2%, entre los 35 y los 39 años.

5 Los estudios del Instituto de la Juventud también tienen en cuenta a otro grupo importante que se denomina el de la semi-emancipación. Son jóvenes que se van a vivir fuera pero siguen comiendo y llevando la ropa a lavar a casa de sus padres.

Texto adaptado de Revista Mía No 844 2002

1 Who leave home first, men or women?

2 Why do the majority of young people between 28 and 30 leave home?

3 What is *semi-emancipación*?

Repaso

Ahora ya puedes:
You should now be able to:

* *Hablar de tu casa y describir tu habitación.*
  Talk about your home and describe your room.

* *Hablar sobre tu familia.*
  Talk about your family.

* *Usar las preposiciones y los adjetivos posesivos*
  Use prepositions of place and possessive adjectives

* *Usar los números ordinales.*
  Use ordinal numbers.

* *Hablar sobre el alojamiento de los estudiantes en España.*
  Talk about student accommodation in Spain.

Café

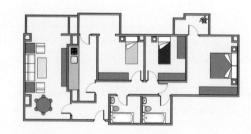

1 *Mira los planos de estos dos pisos. ¿A qué apartamento pertenecen estas descripciones?* Look at the plans of these two flats. Which adverts describe each flat?

1 Cocina pequeña con fregadero, cocina y frigorífico. Está a mano izquierda del vestíbulo después de la sala-comedor.

2 Dormitorio con cama doble y mesillas. Está a mano izquierda, al lado del baño.

3 Cocina amueblada pequeña pero luminosa. Con tendedero. Está a mano derecha del vestíbulo, después del cuarto de estar-comedor.

4 Dormitorio con cama doble con baño privado y terraza. Habitación amplia y luminosa. Está al final del pasillo.

5 Enfrente del vestíbulo está la cocina y a la izquierda está el cuarto de estar-comedor. Hay dos dormitorios a la izquierda del pasillo y el tercero está al final del pasillo. Los baños están a mano derecha, enfrente de los dormitorios.

6 Tiene un dormitorio enfrente del vestíbulo. La cocina está a la derecha del dormitorio. El otro dormitorio está a la izquierda, al final del pasillo. El baño está enfrente del dormitorio pequeño y el cuarto de estar-comedor está a la derecha del vestíbulo.

2 *Describe la habitación de María. ¿Cuántas frases puedes hacer?* Describe Maria's room. How many sentences can you make?

		una cama	
		dos mesillas de noche	
		una lámpara	
		un fregadero	grande(s)
		una nevera / un frigorífico	pequeño/a(s)
En la habitación de María	hay	una ventana	bonito/a(s)
		una televisión	feo/a(s)
		un equipo de música	amplio/a(s)
		muchas cosas en el suelo	moderno/a(s)
		un armario para la ropa	antiguo/a(s)
		un sillón	
		una cómoda	

3

Desde la puerta, describe la posición de los muebles. Haz todas las frases posibles. Starting from the door, describe the position of the furniture. Make up as many sentences as possible.

| Desde la puerta de la habitación | la cama
las mesillas de noche
la lámpara
la ventana
la cómoda
la televisión
el sillón
las lámparas de la mesillas
el equipo de música | está / están | a mano derecha
enfrente de la puerta
a mano izquierda
enfrente de la cama
enfrente de la cómoda
en el rincón | al lado de la ventana
entre las mesillas de noche
encima de la cómoda
a cada lado de la cama
entre la cómoda y la ventana
encima de las mesillas
al lado de la pared izquierda |

Vocabulario

Nombres	**Nouns**
las afueras	suburbs
la agencia	agency
el ambiente	student
estudiantil	scene
el anuncio	advert
el aperitivo	snack
el árbol genealógico	family tree
el centro	centre
la convivencia	living together
el/la fumador(a)	smoker
la madrugada	early morning
el partido de fútbol	football match
el/la periodista	reporter
el trabajo	job

Casa	**House**
la alfombra	rug
el alojamiento	accommodation
el aparador	sideboard
el apartamento	apartment
el armario	wardrobe
el aseo	small toilet
el balcón	balcony
el baño	bathroom
la biblioteca	library
la cama	bed
la casa	house
el chalet	house
la cocina	kitchen / cooker
el colegio Mayor	hall of residence
la cómoda	chest of drawers
el cuarto de estar	living-room
el despertador	alarm clock
la entrada	entrance
el equipo de música	music equipment
el escritorio	writing desk
el frigorífico	fridge
la habitación	room
el hall	hall
el jardín	garden
la lámpara	lamp
la lavandería	laundry room
la librería	bookshop / bookshelf
la mesa	table
la mesilla	bedside table
el mueble	piece of furniture

la pared	wall
el pasillo	corridor
el piso	flat, floor (fourth floor)
la planta	floor (first floor)
la portería	porter's office
el póster	poster
la puerta	door
el recibidor	hall
la residencia	hall of residence
la sala de lectura	reading room
el salón	lounge
el servicio	lavatory
la silla	chair
el sofá	sofa
la televisión	television
la ventana	window
el vestíbulo	hall

Familia	**Family**
el abuelo	grandfather
la abuela	grandmother
la esposa	wife
la familia	family
el hijo	son
la hija	daughter
el hermano	brother
la hermana	sister
la madre	mother
el marido	husband
la mujer	wife
el nieto	grandson
la nieta	granddaughter
el padre	father
los padres	parents
el primo	(male) cousin
la prima	(female) cousin
el sobrino	nephew
la sobrina	niece
el suegro	father-in-law
la suegra	mother-in-law
el tío	uncle
la tía	aunt

Adjetivos	**Adjectives**
acogedor(a)	cosy
adecuado/a	right, ok
adosado/a	semi-detached

alquilado/a	rented	creer	to believe, to think
alto/a	high	desayunar	to have breakfast
amplio/a	spacious	describir	to describe
amueblado/a	furnished	dormir (ue)	to sleep
bajo/a	low	empezar	to start
bonito/a	beautiful	encontrar (ue)	to find
bueno/a	good	entender (ie)	to understand
casado/a	married	estar en forma	to be in shape
cómodo/a	comfortable	fumar	to smoke
¿cuánto?	how much?	hacer ejercicio	to do exercise
desordenado/a	untidy	invitar	to invite
disponible	available	ir	to go
eficiente	efficient	ir de compras	to go shopping
espacioso/a	spacious	jugar (ue)	to play (games, sports)
estudioso/a	studious	leer	to read
famoso/a	famous	levantarse	to get up
feo/a	ugly	limpiar	to clean
frío/a	cold	llegar	to arrive
gemelo/a	twin	mirar	to look
grande	big	organizar	to organise
horrible	awful	pagar	to pay
independiente	detached (chalet)	pensar (ie)	to think
lejano/a	far away	quedar con	to meet up with (someone)
listo/a	clever		
luminoso/a	bright	quedarse en	to stay in
moderno/a	modern	saber	to know (knowledge)
ordenado/a	tidy	salir	to go out
oscuro/a	dark	trabajar	to work
peligroso/a	dangerous	vender	to sell
pequeño/a	small	ver	to see
perfecto/a	perfect	viajar	to travel
posible	posible		

Otras palabras — *Other words*

privado/a	private	abajo	down
público/a	public	además	also, besides
rápido/a	fast	ahora	now
ruidoso/a	noisy	arriba	the top, up
seguro/a	safe	a la derecha	to the right
solo/a	alone	a la izquierda	to the left
suficiente	sufficient	al lado de	next to
tranquilo/a	quiet	a través	through
último/a	last	bastante	quite
vacío/a	empty	cerca	near
		dentro	inside

Números ordinales — *Ordinal numbers*

primero/a	first	detrás	behind
segundo/a	second	enfrente de	in front of
tercero/a	third	entonces	so, then
cuarto/a	fourth	fuera	outside
quinto/a	fifth	lejos	far
sexto/a	sixth	porque	because
séptimo/a	seventh	¿por qué?	why?
octavo/a	eighth	por lo tanto	therefore
noveno/a	nineth	sólo	alone
décimo/a	tenth	todavía	still
		ya	already, yet

Verbos — *Verbs*

Expresiones útiles — *Useful phrases*

alquilar	to rent	en el primer piso	on the first floor
buscar	to look for	en el primero	on the first
cenar	to have supper	¿Cómo es tu casa?	What is your house like?
charlar	to chat	¿Dónde vives?	Where do you live?
cocinar	to cook	¿Cuál es tu dirección?	What is your address?
coger	to catch	en las afueras	in the suburbs
comenzar	to start	en el centro	in the centre
comer	to eat, to have lunch	¿Cuántas	How many rooms
compartir	to share	habitaciones tiene?	does it have?
costar (ue)	to cost		

Un fin de semana en Cantabria

Guía de la unidad

unidad 4 Un fin de semana en Cantabria

En esta Unidad vas a:
In this unit you will:

★ *Entender información sobre los viajes, rutas y escapadas de fin de semana*
Understand information about trips, itineraries and weekends away

★ *Obtener información sobre tipos de alojamiento y hacer reservas por Internet*
Get information about different sorts of accommodation and make reservations over the Internet

★ *Indicar fechas*
Talk about dates

★ *Describir las atracciones de distintos lugares*
Describe what different places have to offer

Repaso

1 ¿Dónde vivo?

Este es el plano de algunos edificios importantes cerca de donde vive tu amigo español y lo que escribe tu amigo sobre la localización de cada edificio. ¿Podéis relacionar cada frase con su edificio? This is the plan of various important buildings near where your Spanish friend lives and what he writes about the location of each building. Can you match up each sentence with its building? Write the appropriate letter on the plan.

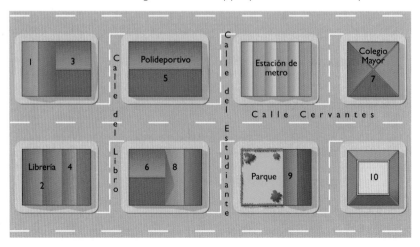

a) En la calle Cervantes está la Facultad de Filosofía y Letras, enfrente de la librería 'El estudiante' de la universidad.

b) Al otro lado de la calle Cervantes, al lado de la librería está la agencia de viajes 'Puentes'. Está en la esquina, entre la calle Cervantes y la calle del Libro.

c) Enfrente de la agencia de viajes y al lado de la Facultad de Filosofía y Letras está la secretaría.

d) En la calle Cervantes, enfrente del Polideportivo, está la Facultad de Derecho.

e) Al lado de la Facultad de Derecho está la cafetería 'El bocata'. Está entre las calles Cervantes y del Estudiante.

f) El banco está enfrente de la estación de metro, y al lado del parque, en la calle Cervantes.

g) Al lado del banco hay una residencia de estudiantes.

h) Enfrente de la residencia, a la derecha de la estación de metro, está el colegio mayor donde yo vivo, en la calle Cervantes. La habitación es la número veinticinco, y está en el segundo piso.

 2 *Escoge dos sitios en la calle Cervantes a los que quieres ir. Pregunta a tu pareja dónde están.* Choose two places in the calle Cervantes that you want to go to. Ask your partner where they are.

Ejemplo: **A** Oye ¿me puedes decir dónde está el polideportivo?

   B Sí, está…

 3 *Ahora escoge dos sitios en tu propia universidad y pregunta dónde están.* Now choose two places in your own university and ask where they are.

> **la residencia   la biblioteca   la estación de autobús**
> **la piscina   el polideportivo   el banco**
> **la cafetería de la universidad (el restaurante)**
> **la facultad donde estudio   la clase de español**

Aperitivo

¿Qué turismo prefieres?

1 *Quieres escaparte para un fin de semana largo, y no sabes dónde ir. Miras en el Internet y encuentras varias opciones. Relaciona las opciones con las fotos.* You want to escape for a long weekend. You look on the Internet and find a few options. Match up the options with the photographs.

a) Turismo Rural

b) Turismo Activo ❑

c) Espacios protegidos (nature reserves) y medio ambiente (environment) ❑

d) Rutas por España ❑

e) Ruta Morisca ❑

f) Ruta Artística ❑

g) Paraísos de Aventura en el resto del mundo ❑

1

2

3

4

5

6

7

Ejemplo: **A** Yo creo que turismo rural es la foto número dos.

B No, no, turismo rural es la foto número cuatro. Significa visitar ciudades y pueblos.

2 ¿Qué turismo prefieres?

Ahora une las dos columnas según el significado y después escucha las versiones completas en el CD. Now join up the two columns according to the meaning and then listen to the full version on the CD.

Prefiero (I prefer)

1 Yo prefiero hacer turismo rural.

2 Yo prefiero hacer turismo activo.

3 Prefiero hacer turismo de espacios protegidos y de medio ambiente.

4 Prefiero hacer Rutas por España.

5 Yo prefiero hacer la Ruta Morisca.

6 Prefiero la opción de Paraísos de Aventura en el resto del mundo.

7 Prefiero hacer la Ruta Artística.

Me gusta (I like)

a) Me gusta visitar los edificios de carácter árabe.

b) Me gusta visitar pueblos y ciudades.

c) Me gusta visitar lugares históricos.

d) Me gusta la aventura.

e) Me gusta hacer deportes como el piragüismo, o ir en bicicleta, escalar montañas, hacer senderismo …

f) Me gusta visitar ciudades como Barcelona, los edificios de Gaudí, el arte de Miró, Picasso …

g) Me gusta visitar parques naturales y sus especies animales.

3

Mira las fotos en la página 80 con las actividades que se pueden hacer en Turismo Activo. Une cada frase con la foto correspondiente. Look at the photos of the activities you can do in Turismo Activo on page 80. Match up each sentence below with the photo to which it refers.

a) Yo quiero hacer submarinismo.

b) Yo prefiero hacer senderismo.

c) A mí, me gusta ir de paseo en bicicleta.

d) A mí, me gusta practicar el windsurf.

e) Pues yo prefiero hacer piragüismo.

f) A mí me gusta escalar montañas.

g) Yo quiero hacer algo diferente como parapente.

h) Hacemos kayak en el mar.

i) Quiero hacer fly surf.

1

2

3

4

5

6

7

8

9

Maria y Robert planean salir fuera para el puente de San José (19 de Marzo). Escucha la conversación y después rellena la tabla. María and Robert are planning a long weekend away. Listen to the conversation and then fill in the table.

Días de vacaciones	¿Viaje organizado o por su cuenta?	Lugar que prefieren	Actividades que pueden hacer

Laboratorio de lengua

Gustar: to like…		

Gustar: to like…

¿Te gusta ir a la playa? — Do you like going / to go to the beach?

Me gusta + infinitive — *ir a la playa* / *hacer deporte* / *vivir la aventura*

Le gusta ir a la playa. — He / she likes going to the beach.

¿Te gusta la playa? — Do you like the beach?

Me gusta + <u>singular</u> noun — *la playa* / *el deporte* / *la aventura*

Le gusta la playa. — He / she likes the beach.

¿Te gustan las playas? — Do you like beaches?

Me gustan + <u>plural</u> noun — *las playas* / *los deportes* / *las aventuras*

Le gustan las aventuras. — He / she likes adventures.

---

5 The verb **preferir** has a radical change, just like **querer**. Try completing this grid.

yo		nosotros/as	preferimos
tú	prefieres	vosotros/as	
él, ella		ellos, ellas	prefieren
usted	prefiere	ustedes	

6 *Haz una encuesta a varios compañeros/as y rellena la siguiente tabla.* Make a survey of some of your fellow students and complete the following table.

1 ¿Prefieres los viajes organizados o ir por tu cuenta? *Prefiero …*

2 ¿Qué tipo de turismo prefieres, rural, con rutas y aventura, activo … ? *Prefiero turismo …*

3 ¿Te gusta viajar por España o ir al extranjero? *Me gusta …*

4 ¿A qué lugares prefieres ir? *Prefiero …*

5 ¿Qué actividades quieres hacer? *Quiero …*

Nombre	1 Viajes organizados o por su cuenta	2 Tipo de turismo que prefiere	3 Viajar por España o ir al extranjero	4 Lugar que prefiere	5 Actividades que quiere hacer

Primer plato

¿Dónde nos quedamos?

en pareja **1** *Mira los siguientes tipos de alojamiento. Une cada dibujo con su frase correspondiente. Despúes escucha sus preferencias.* Look at the following types of accommodation. Match each picture with an appropriate sentence. Then listen to their choices.

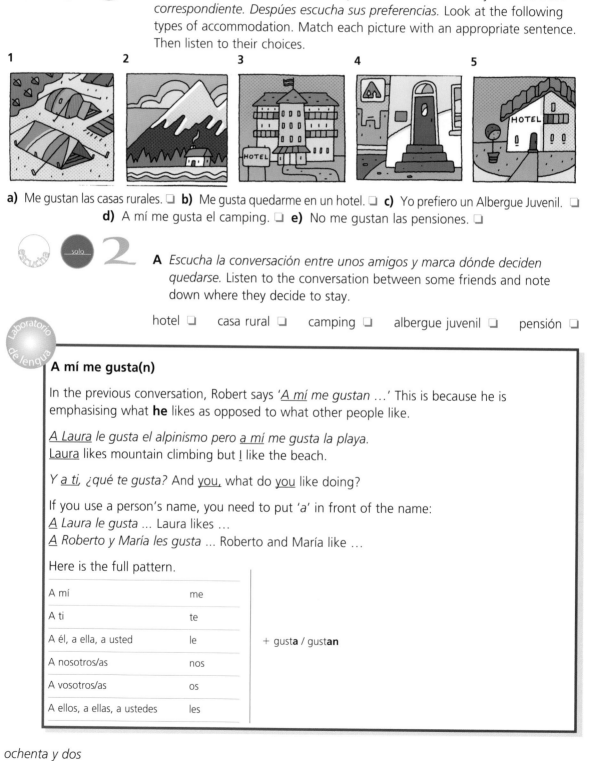

1   2   3   4   5

a) Me gustan las casas rurales. ❏ **b)** Me gusta quedarme en un hotel. ❏ **c)** Yo prefiero un Albergue Juvenil. ❏
d) A mí me gusta el camping. ❏ **e)** No me gustan las pensiones. ❏

solo **2** **A** *Escucha la conversación entre unos amigos y marca dónde deciden quedarse.* Listen to the conversation between some friends and note down where they decide to stay.

hotel ❏   casa rural ❏   camping ❏   albergue juvenil ❏   pensión ❏

Laboratorio de lengua

A mí me gusta(n)

In the previous conversation, Robert says '*A mí me gustan …*' This is because he is emphasising what **he** likes as opposed to what other people like.

A Laura le gusta el alpinismo pero a mí me gusta la playa.
Laura likes mountain climbing but I like the beach.

Y a ti, ¿qué te gusta? And you, what do you like doing?

If you use a person's name, you need to put '*a*' in front of the name:
A Laura le gusta … Laura likes …
A Roberto y María les gusta … Roberto and María like …

Here is the full pattern.

A mí	me	
A ti	te	
A él, a ella, a usted	le	+ gusta / gustan
A nosotros/as	nos	
A vosotros/as	os	
A ellos, a ellas, a ustedes	les	

---

3 *Ahora, vuelve a las fotos de la Actividad 1 y practica esta conversación.* Now go back to the photographs in Activity 1 and practise this conversation.

Ejemplo: **A** A mí me gustan las casas rurales. ¿Y a ti?

B Yo prefiero quedarme en un camping.

4 *Mira la tabla y deduce el significado de cada frase. Luego, intenta recordar quién dice qué. Después escucha la conversación y compruébalo.* Look at the table and work out what each sentence means. Then try to remember who says what. Then listen to the conversation again and check.

	Robert	María	Begoña
A mí me gustan **más** las casas rurales **que** los hoteles.			
Las casas son **más** cómodas.			
Las casas rurales son **más** baratas **que** un hotel.			
Una casa es **más** cómoda **que** un hotel.			
Una casa es **más** cómoda **que** un camping.			
Una casa es **tan** barata **como** un albergue juvenil.			
Una casa es **más** cómoda **que** el albergue juvenil.			
Un hotel es **menos** acogedor **que** una casa.			

v o c a b u l a r i o

más … que: *more … than*
menos … que: *less … than*
tan … como: *as … as*
barato/a: *cheap*

The structures here are called comparatives, because you are comparing one thing with another. Can you work out how they are used?

Laboratorio de lengua

Making comparisons

Use the following pairs of words to make comparisons between one thing and another:

más … que   *menos … que*   *tan … como*

They can be used with nouns, adjectives and verbs:

With nouns: *Un hotel tiene más habitaciones que una casa.*
                  Una pensión tiene menos habitaciones que un hotel.
With adjectives: *El hotel es más cómodo que el camping.*
                  La casa es tan barata como el albergue juvenil.
With verbs: *La casa rural me gusta más que el hotel.*

There are other ways to express comparisons:
Mejor = better: *El hotel es mejor que el camping.*
Peor = worse: *Quedarse en casa es peor que salir de fin de semana.*

Use the article (*el/la/los/las*) to express the superlative (best, worst, prettiest, ugliest, etc.):
Esta pensión es <u>la mejor</u> del pueblo.
Este hotel es <u>el mejor</u> de Barcelona.
Estas casas son <u>las mejores</u> de la ciudad.

5 *Ahora, comparad estos dos lugares de vacaciones. Usad los adjetivos del cuadro.* Now, compare these two holiday destinations. Use the adjectives in the box.

divertido / aburrido	tranquilo / animado	caro / barato
cerca / lejos	silencioso / ruidoso	sociable / independiente

Ejemplo: Prefiero la Costa porque es más divertida que las montañas.

★ Nota cultural

Spain is famous for its fiestas or festivals, most of which were originally religious in character, but many of which are now organized so that people (both Spaniards and tourists) can have a good time in the streets of the towns and cities. Among the most famous are the **Fallas de Valencia**, where huge statues are constructed out of wood and fibreglass. After a week of processions through the city, they are burned in huge bonfires, except the one which has been chosen as the best that year. Pamplona is famous for the **Sanfermines**, where bulls run through the street and local lads (and tourists) run with them. In Holy Week (**Semana Santa**) the whole of the south of Spain processes behind the '**pasos**' (floats) which bear the images of the patron of the city or barrio (neighbourhood).

In this unit, you have heard how María hopes to go away for the '**puente**' (bridge). This is a long weekend, which occurs when a feast day falls towards the end or beginning of the week. María takes the Thursday and the Friday off to make a four-day weekend.

6 Para reservar alojamiento. Making reservations.

Ahora escucha esta conversación donde María hace una reserva en una pensión. Después marca las respuestas correctas. Now listen to this conversation where María books into a hostel. Then mark the right answers.

1	La pensión se llama:	Pensión Catalana ❏	Pensión Cantabria ❏
2	El puente es de:	San Juan ❏	San José ❏
3	María quiere:	una habitación doble y otra individual ❏	dos habitaciones individuales y una doble ❏
4	Las habitaciones tienen:	ducha ❏	baño ❏
5	María las quiere para:	tres noches ❏	tres días ❏
6	Van a estar de vuelta:	el sábado ❏	el domingo ❏

 7

Unid cada frase española con su equivalente en inglés. Match each Spanish sentence with its English equivalent.

1 Quiero una habitación doble con dos camas.

a) Do you have a room with a shower?

2 Me gustaría una habitación individual.

b) I prefer a room with a balcony.

3 Prefiero una habitación con balcón.

c) I want a double room with twin beds.

4 ¿Tiene una habitación con ducha?

d) Do you have any rooms with a bath?

5 ¿Hay habitaciones con baño?

e) I would like a single room.

8

Vas a salir para el puente de la Inmaculada (8 de diciembre). Este año cae en martes. Reserva una habitación para ti y para un(a) amigo/a en la Pensión Santander. Primero tu compañero/a es el/la recepcionista y contesta el teléfono y tú eres el/la cliente. Luego os turnáis, cambiando el tipo de habitaciones. Usad las ideas de abajo o inventad. You are going away for the puente of La Inmaculada (8th December). This year it falls on Tuesday. Book a room for yourself and a friend at the Pensión Santander. Your partner is the receptionist and answers the phone and you are the client. Then swap roles, changing your holiday requirements. Use the prompts below or make up your own requirements.

1 2 single rooms with shower and balcony

2 double room with 2 beds and shower

3 double room with sea view and balcony

4 2 single rooms with shower

★ **Nota cultural**

Finding somewhere to stay in Spain is easy and can be cheap in comparison to other countries. As a student, you will probably want to stay in a small **pensión** or **hostal**. These are usually family-run hotels, which are cheap and always very clean. However, don't expect any luxuries – you may have a small shower in your room, but you won't be offered breakfast. However, you can do as many Spaniards do, and go out to a nearby cafetería or bar for a coffee and bun. Some hotels do offer '**pensión completa**' – three meals a day – and others '**media pensión**' – breakfast and an evening meal. Remember that meals in Spain tend to be served much later than in many other countries and that **la cena** (dinner) is comparatively light compared with lunch (**la comida** or **el almuerzo**).

9 *Mirad las casas rurales y hoteles aquí abajo y contestad las preguntas.*
Look at the cottages and hotels below and answer the questions.

¿Cuál preferís si … Which do you prefer if …

a) os gusta la montaña? ❏

b) queréis un hotel barato a media pensión? ❏

c) queréis un hotel de cinco estrellas (✶✶✶✶✶) a pensión completa enfrente de la playa? ❏

d) queréis una casa para 15 personas? ❏

e) queréis un hotel lujoso en un edificio histórico? ❏

1

Hotel la Colina

Precio por persona: 150 €
Media pensión: 160 €
Pensión completa: 175 €
Con vistas a la montaña y al mar. A 10 km de la playa

2

Casa rural pintoresca y aislada

Capacidad: 15 personas
En el pueblo, en la montaña
30 euros pp.

3

Casa en la costa

(a 5 min. de la playa y a 1 hora de la montaña)
Capacidad: 10 personas
Precio: 28 euros por persona
Actividades organizadas: buceo, senderismo, windsurf

4

Vistas

Precio por persona: 45 euros
Habitaciones con Ducha
Desayuno: 4 euros por persona
Media pensión 12 euros al día
A 20 minutos del mar

5

GUADALPIÑA
✶✶✶✶✶

Precio por persona:
120 euros
habitaciones con Baño
Media pensión
Pensión completa
Enfrente de la playa

6

Parador

precio: 140 euros
habitaciones con baño
Media pensión
Pensión completa
En el interior a 20 Km. de la playa

10

Ahora escucha las tres conversaciones siguientes y rellena la tabla.
Now listen to the following three conversations and fill in the grid.

	Con desayuno / a media pensión / pensión completa	Habitaciones: dobles o individuales	Precio	En la montaña / en la playa / cerca de la playa / lejos de la playa
A				
B				
C				

¿Qué?	What/Which?	¿Qué hotel prefieres? Which hotel do you prefer?
¿Cuál?	Which?	¿Cuál prefieres? Which one do you prefer?
¿Cómo?	How?	¿Cómo vas a la Universidad? How do you go to University?
¿Dónde?	Where?	¿Dónde está el hotel? Where is the hotel?
¿Cuándo?	When?	¿Cuándo son las Fiestas? When are the Fiestas?
¿Cuánto?	How much?	¿Cuánto cuesta la habitación? How much is the room?
¿Por qué?	Why?	¿Por qué prefieres un hotel? Why do you prefer a hotel?

11

Mira los anuncios de la Actividad 9 y después escucha las conversaciones otra vez. ¿A qué alojamiento se refieren las reservas?
Look at the adverts in Activity 9 and then listen to the conversations again. What type of accommodation do the clients reserve?

	1 hotel en la montaña	2 casa en la playa	3 casa en un pueblo	4 Hotel Vistas	5 Hotel Guadalpiña	6 Parador Cantabria
A						
B						
C						

Segundo plato

¿Cómo viajas normalmente?

Mira los siguientes medios de transporte. ¿Cómo te gusta viajar? ¿Qué prefieres? Une cada frase con su imagen. Look at the different means of transport. How do you like to travel? Which do you prefer? Match each sentence with a picture.

1

2

3

4

5

6

a) Me gusta viajar en barco de España a Inglaterra. ❏

b) A mí me gusta ir en coche para viajar por España. ❏

c) Yo prefiero viajar en avión para distancias grandes. ❏

d) A mí me gusta ir en bicicleta a sitios cercanos. ❏

e) A mí me gusta ver el paisaje en tren. ❏

f) Yo prefiero viajar en autocar para distancias cortas. ❏

Ahora escucha a cinco personas decir sus preferencias. Marca con una X la respuesta correcta en la tabla en la página 90. Now listen to five people saying what they prefer. Put a cross next to the right answer on the grid on page 90.

	en tren	a pie / andando	en autocar	en avión	en coche	en bicicleta	en barco
1 Señora García							
2 Señor Rodríguez							
3 Carlos (estudiante)							
4 María (estudiante)							
5 Susana (estudiante)							

3 Practica con tu compañero/a y di en qué medio de transporte te gusta viajar a estos sitios: la residencia / el colegio mayor; la facultad; el bar; la playa / de vacaciones; tu propia casa.

Ejemplo: Prefiero ir a casa en tren porque está a doscientos kilómetros de la universidad…

4 *Mira la tabla de horarios aquí abajo primero.* Look at the timetable below and familiarise yourself with the contents.

Nº Tren	Recorrido Tipo Tren	Salida	Llegada	Período de Circulación (1)	Precios (EURO)		Clases		Prestaciones
00061	TALGO	09:00	14:35	DIARIO del 01-02-2005 al 11-06-2005	Turista TuristaNiño Preferente PreferenteNiño	34,50 20,70 46,00 27,60	P	T	P ▨ R ♫ ▢ ☎
00077	TALGO	15:49	22:00	DIARIO del 01-02-2005 al 31-03-2005	Turista TuristaNiño Preferente PreferenteNiño	34,50 20,70 46,00 27,60	P	T	P ▨ R ♫ ▢ ☎

P Preferente   T Turista   P Parking   ▨ Revista   R Servicio de Cafetería
♫ Música   ▢ Vídeo   ☎ Tren con reserva telefónica

Adapted from horaios.renfe.es

vocabulario

caber: *to fit in*

el billete: *ticket*

RENFE: *Spanish Railway Co*

relajarse: *to relax*

la pantalla: *screen*

el asiento reclinable:
reclining seat

elegir: *to choose*

la prestación: *facility*

Ahora escucha a María y a Robert. Van a reservar el viaje por Internet. ¿En qué medio de transporte prefieren viajar? ¿Qué tipo de billetes quieren? ¿Cuánto cuestan los billetes? Escribe los datos en la tabla. Now listen to María and Robert. They are going to book the tickets by Internet. Which means of transport do they prefer? What sort of tickets do they want? How much do they cost? Write the information in the grid.

	Tipo de tren	Sale a las ...	Clase	Cuesta ...	Tiene ...
Billete para Santander					

Laboratorio de lengua

costar (ue)   to cost   *valer*   to cost / to be worth

To ask the price:
¿Cuánto cuesta / vale / es un billete de ida / un billete de ida y vuelta?
How much is a single / return ticket?

To say the price in euros:
Son:

60 sesenta	80 ochenta	105 ciento cinco	580 quinient**os/as** ochenta
65 sesenta y cinco	84 ochenta y cuatro	120 ciento veinte	600 seiscient**os/as**
68 sesenta y ocho	86 ochenta y seis	200 doscient**os/as**	690 seiscient**os/as** noventa
70 setenta	90 noventa	230 doscient**os/as** treinta	700 setecient**os/as**
73 setenta y tres	97 noventa y siete	300 trescient**os/as**	705 setecient**os/as** cinco
77 setenta y siete	100 cien	340 trescient**os/as** cuarenta	800 ochocient**os/as**
		360 trescient**os/as** sesenta	810 ochocient**os/as** diez
		400 cuatrocient**os/as**	900 novecient**os/as**
		470 cuatrocient**os/as** setenta	1000 mil
		500 quinient**os/as**	2000 dos mil
			1.000.000 un millón

To ask about arrival (*llegada*) and departure (*salida*) times:

¿A qué hora sale el tren para Ávila? (At) what time does the Ávila train leave?
Sale a las nueve horas. It leaves at 9.00.
¿A qué hora llega a Ávila? (At) what time does it arrive in Ávila?
Llega a las diez horas diecinueve minutos. It arrives at 10.19.

5 *En la página 92 hay descripciones de dos lugares, uno de España y otro de Latinoamérica. Marca el lugar que corresponde a la información.* On page 92 are descriptions of two places, one in Spain and the other in Latin America. Tick the place which matches the information.

4 UN FIN DE SEMANA EN CANTABRIA

vocabulario

el norte: *north*
el sur: *south*
el este: *east*
el oeste: *west*
el bosque: *forest*
la cueva: *cave*
la selva: *jungle*
antiguo/a: *old*
pintoresco/a: *picturesque*

Está	en Centroamérica.
	en el norte de España.
Tiene	paisajes espectaculares como Los Picos de Europa, las dunas de Oyambre o los Bosques del Sajá.
	playas y ciudades turísticas como Cancún.
Sus pueblos más	antiguos son Teotihuacán y Cuernavaca.
	pintorescos son Santillana del Mar y San Vicente de la Barquera.
Es famosa por	las pirámides de Chichén Itzá.
	las cuevas de Altamira.
Si te gusta	practicar senderismo o bicicleta, puedes viajar en tren a cualquier estación en el Valle de Iguña.
	la aventura, puedes ir a la Selva de Chiapas.

6 *Ahora escribe algo similar con tu compañero/a para una región de tu país. Escribe alrededor de cien palabras.* Now write something similar with your partner about a region in your own country. Write about 100 words.

Está … Tiene … Sus pueblos más (antiguos / pintorescos / …) Es famosa por … Si te gusta …

7 **Un poco de cultura**
¿Puedes contestar las siguientes preguntas sobre la geografía de España? Usa frases completas. Can you answer the following questions about the geography of Spain? Use complete sentences.

Ejemplo: La costa más bella de España, para mí, es la Costa Brava.

a)   ¿Cuál es la montaña más alta de España?

b)   ¿Cuál es el río más largo de España?

c)   ¿Cuál es la ciudad más grande de España?

d)   ¿Cuál es el monumento más conocido (well-known) de España?

e)   ¿Cuál es el museo más famoso de España?

f)   ¿Cuál es la autonomía más grande de España?

g)   ¿Cuál es la ciudad más antigua de España?

h)   ¿Cuál es el paisaje más espectacular de España?

i)   ¿Cuál es la universidad más antigua de España?

Superlatives

To express the superlative (the most…) use the following pattern:

For feminine nouns: *la(s)* + noun + *más* + adjective: *La ciudad más bonita de España.*
Las ciudades más bonitas de España.

For masculine nouns: *el (los)* + noun + *más* + adjective: *El pueblo más antiguo de España.*
Los pueblos más antiguos de España.

Remember to use *de* where in English we would use 'in': *La sierra más alta <u>de</u> España.*

8 *Mira la siguiente página informativa de la red y después escucha las opiniones de diferentes personas sobre Santander. Marca las respuestas en las casillas.* Look at the following web page and then listen to the opinions of different people about Santander. Mark the answers in the boxes.

9 *Ahora practica con tu compañero/a preguntas similares sobre Santander.* Now practise similar questions about Santander with your partner.

Ejemplo: **A** ¿Qué es lo más antiguo de Santander?

B Según esta página de Internet, son Las Cuevas de Altamira.

A Y también tiene el templo de Santa María de Lebeña y El Beato de Liébana.

B Ah sí, es verdad.

Postre

Las fiestas de España

A *Mira las siguientes fiestas de España. Escríbelas en la tabla en la fecha correcta.* Look at the following 'fiestas'. Write them in the table on the correct dates.

> **Días Festivos de toda España**
>
> Los siguientes son días festivos en toda España: Fiesta del Día de la Hispanidad, el Día del Trabajo, la Navidad, el Jueves Santo, el Día de los Inocentes, Epifanía o el Día de los Reyes, la Festividad de la Inmaculada, la Festividad de la Asunción, el Viernes Santo, el Año Nuevo, el Día de la Constitución Española, la Festividad de Todos los Santos y el Día del Padre.

Calendario	Fiestas
enero	1/1
	6/1
febrero	
marzo	19/3
abril	
mayo	
junio	
julio	
agosto	15/8
septiembre	
octubre	12/10
noviembre	1/11
diciembre	6/12
	8/12
	24/12
	25/12
	31/12

B *Ahora escucha y confirma los meses, las fechas y las fiestas.* Now listen and confirm the months, the dates and the festivities.

2 *Ahora piensa con tu compañero/a en las fechas importantes de vuestro país y rellena el cuadro.* Now, with your partner, think about important dates in your own country. Complete the grid.

	Fiestas de …
enero	
febrero	
marzo	
abril	el 3 – mi cumpleaños
mayo	
junio	
julio	
agosto	
septiembre	
octubre	
noviembre	
diciembre	

3 *Ahora escucha a estas personas hablar de las fiestas, y marca las fechas en la tabla. ¿Puedes relacionar cada foto con su fiesta? Escribe el número de la foto en la tabla también.* Now listen to these people and mark the dates of the festivals in the table. Can you match each photo with its festival? Write the photo number in the right place in the table.

1

2

3

4

5

Postre

noventa y cinco **95**

	Los San Fermines	Las Fallas de Valencia	El día de los muertos	La feria de Sevilla	La Semana Santa
A mediados de abril					
El 7 de julio					
El 1/2 de noviembre					
A principios de abril					
A finales de febrero					
El 19 de marzo					

 **4**

Ahora, practica las preguntas siguientes con tu compañero/a. Now practise the following questions with your partner.

Ejemplo: **A** ¿Qué fiesta te gusta más de tu país?

B Me gusta más la fiesta de Saint Patrick.

A ¿Cuándo es?

B Es el 17 de marzo.

A ¿Por qué te gusta?

B Porque …

 5

Une las preguntas con las respuestas adecuadas. Tendrás que terminar algunas tu mismo/a. Look at the questions and match them with the answers. You will have to finish some yourself.

1 ¿Qué día es hoy?

a) Cae a principios de abril.

2 ¿Cuándo es el día de los inocentes?

b) Mi cumpleaños es el …

3 ¿Qué fecha es hoy?

c) Hoy es lunes / martes / miércoles /…

4 ¿Cuándo es el día de los muertos en México?

d) Es el 28 de diciembre.

5 ¿En qué fecha cae Semana Santa este año?

e) Hoy es el …

6 ¿Cuándo es tu cumpleaños?

f) Es el 1 y 2 de noviembre.

 B *Después escucha las conversaciones y confirma las posibles respuestas.* Then listen to the conversations and confirm the possible answers.

Café

Pronunciación y Ortografía

La c / z

 1 *Escucha a un español decir los siguientes números.* Listen to a Spaniard saying the following numbers.

> cuarenta y dos   cuatrocientos cuarenta y cuatro   cincuenta y cinco
> catorce   cien   novecientos noventa y cinco   mil doscientos
> cuatro mil cuatrocientos cuarenta y cuatro   ciento cinco
> quinientos quince   trescientos cuatro   ochocientos trece
> seiscientos sesenta y cinco   mil cincuenta y cinco

 2 *Ahora escucha a un sudamericano decir los mismo números. ¿Qué diferencias oyes?* Now listen again to hear a South American saying the same numbers. What differences can you hear?

 3 *Con tu compañero/a practica a decir estos números como los pronuncia el español y después como los pronuncia el sudamericano.* With your partner practise saying these numbers as the Spaniard pronounced them: then as the South American said them.

 4 *¿Puedes relacionarlos con las cifras correctas? Pon la letra apropiada en la casilla.* Can you match the words with the correct figures? Write the appropriate letter in each box.

cuarenta y dos ❑   cuatrocientos cuarenta y cuatro ❑
cincuenta y cinco ❑   catorce ❑
cien ❑   novecientos noventa y cinco ❑
mil doscientos ❑   cuatro mil cuatrocientos cuarenta y cuatro ❑
ciento cinco ❑   quinientos quince ❑
trescientos cuatro ❑   ochocientos trece ❑
seiscientos sesenta y cinco ❑   mil cincuenta y cinco ❑

a) 304   b) 105

c) 42   d) 665

e) 55   f) 100

g) 1200   h) 4444

i) 1055   j) 14

k) 444   l) 813

m) 515   n) 995

Tu portfolio

1 Write out six significant dates for yourself and explain why they are important for you. Can you find a Spanish speaker to do the same?

2 Describe your town or city and compare it with a Spanish one. Give at least ten comparisons.

Ejemplo: Mi ciudad sólo tiene dos estadios de fútbol, y Madrid tiene tres. Madrid tiene más estadios que Manchester.

3 Carry out a survey of five students: where they go on holiday, with whom, where they stay, what activities they do, and how they travel. Then give the information to the class.

Nombre	¿Dónde vas de vacaciones normalmente?	¿Con quién vas?	¿Dónde te alojas / quedas?	¿Qué actividades haces?	¿En qué medio de transporte viajas?
Tú					

Ejemplo: Bárbara va de vacaciones a España con su familia. Normalmente se aloja en un hotel y a veces en una casa rural. Allí va a la playa, practica la natación y el windsurf y toma el sol. Viaja en avión.

4 Using the Internet, do some research on Sanfermines and write a paragraph of around 100 words about the festival.

Sobremesa cultural

Canciones populares

 Hay una canción popular que se refiere a las fiestas de España y sobre todo a las de San Fermín. ¿Puedes traducir la canción al inglés?

Uno de enero
dos de febrero
tres de marzo
cuatro de abril
cinco de mayo
seis de junio
siete de julio San Fermín
a Pamplona hemos de ir
con una bota
con una bota
a Pamplona hemos de ir
con una bota y un calcetín.

 Hay un refrán que se refiere a los días de los meses.

Treinta días tiene noviembre, con abril, junio y septiembre,
y los demás treinta y uno.

¿Hay uno similar en inglés? ¿Cuáles son las diferencias entre las dos versiones?

Repaso

Ahora ya puedes:
You should now be able to:

Expresar preferencia de lugares y actividades.
Express preferences for places and activities.

Entender la información sobre diferentes tipos de alojamiento y reservar una habitación.
Understand information about different types of accommodation and book a room.

Usar los verbos gustar y preferir.
Use the verbs gustar and preferir.

Usar los comparativos.
Use comparatives.

Entender la información sobre billetes en el Internet y comprarlos.
Understand information about tickets on the Internet and buy them.

Entender y expresar las atracciones de un lugar.
Understand and talk about the attractions of a particular place.

1 *Completa las frases siguientes con las formas adecuadas del verbo **gustar** (**gusta(n)**).* Complete the following sentences with the correct forms of the verb **gustar** (**gusta(n)**).

1 Me _____ la playa, prefiero tomar el sol.

2 ¿Te _____ los pueblos de esta región?

3 A María le _____ conocer gente nueva en sus viajes.

4 ¿Qué te _____ más, el turismo rural o el activo? Me _____ los dos.

5 Me _____ la aventura y conocer a la gente y su cultura.

2 *Ahora escribe las frases del ejercicio anterior con los pronombres correctos para dar énfasis (a mí, a ti, a él, a ella).* Now rewrite the sentences from the previous exercise with the pronouns used for emphasis.

3 *Usa los comparativos adecuados en las siguientes frases.* Use the correct comparatives in the following sentences.

1 España tiene _____ puentes **que** Inglaterra.

2 Inglaterra tiene _____ montañas **que** España.

3 España tiene _____ sol **que** Inglaterra.

4 El camping es _____ incómodo **que** el hotel.

5 Las habitaciones del Hotel Vistamar son _____ grandes **como** las del Hotel Miramar.

6 Me gusta _____ la playa **que** la montaña.

7 Me gustan _____ las vacaciones de aventura **que** las de turismo rural.

4 *Completa tu parte del diálogo (persona B) y practícalo en voz alta con un compañero/a.* Complete your part of the dialogue (person B) and practise it aloud with a partner.

A Hola, buenos días, hotel Guadalpiña.

B Say you want to reserve three rooms for the 'puente' of San José.

A ¿Habitaciones dobles o individuales?

B Say two doubles and a single, all with bathroom, and full board.

A Todas nuestras habitaciones tienen baño. No hay problema, tenemos las habitaciones para el puente de San José. ¿Su nombre, por favor?

B Give your first name and surname and ask the price of the rooms.

A Ciento veinte euros por persona.

B Say 'very good' and ask if the hotel is near the beach.

A Sí, está enfrente de la playa.

B Great!

A ¿Me puede dar el número de su tarjeta de crédito?

B Yes, it's Mastercard, 926587492

A Un momento que lo apunto ... Muy bien, las habitaciones están reservadas. Gracias y adiós.

Vocabulario

Nombres — Nouns

Nombres	Nouns
el albergue juvenil	youth hostel
el alpinismo	mountain climbing
el autocar	coach
la aventura	adventure
el avión	plane
el barco	boat
la bicicleta	bicycle
el billete	ticket
el bosque	forest
el camping	campsite
la capacidad	capacity
la casa rural	cottage
el coche	car
el deporte	sport
la duna	dune
el espacio protegido	nature reserve
la especie	species
el extranjero	abroad
la feria	festivity, fiesta
la ida	outward journey
el lugar	place
el medio ambiente	environment
el mirador	vantage point
la montaña	mountain
el paisaje	landscape
la pantalla	screen
el paraíso	paradise
el parapente	hang gliding
la pensión	hostel
el piragüismo	canoeing
la playa	beach
las prestaciones	facilities
el puente	bridge, long weekend
el puenting	bungee jumping
la ruta	route
la selva	jungle
el senderismo	walking
el submarinismo	scuba diving
el templo	temple
el vacío	emptiness
la vista	view
la vuelta	return

Adjetivos — Adjectives

Adjetivos	Adjectives
aburrido/a	boring
acogedor(a)	welcoming
alto/a	tall
animado/a	with good / cheerful atmosphere
barato/a	cheap
bonito/a	nice, pretty
caro/a	expensive
cerca	near
cómodo/a	comfortable
divertido/a	enjoyable
desconocido/a	unknown
largo/a	long
legendario/a	legendary
lejos	far
lujoso/a	luxurious
modernista	modernist
organizado/a	organized
pintoresco/a	picturesque
protegido/a	protected
romántico/a	romantic
ruidoso/a	noisy
silencioso/a	quiet
sociable	sociable
tranquilo/a	tranquil, peaceful

Verbos — Verbs

Verbos	Verbs
alojarse	to lodge, to stay
bucear	to snorkel
caber	to fit
conectar	to connect
escalar	to climb
hacer senderismo	to go walking
ir de paseo	to go for a walk / ride
quedarse	to stay / to lodge
reservar	to reserve
viajar	to travel

Otras palabras — Other words

Otras palabras	Other words
A ver	Let's see
además	besides
¿Cuándo?	When?
es verdad	that's true
mejor	better
menos	less
si	if
también	also

Expresiones útiles — Useful expressions

Expresiones útiles	Useful expressions
clase turista	tourist class
estar de vuelta	to be back
media pensión	half board
pensión completa	full board
¿A nombre de quién, por favor?	In whose name please?
¿Cuál es el precio de las habitaciones?	What is the price of the rooms?
Ya están reservadas	They are reserved now / already
por persona	per person
¿En qué hotel te quedas?	In which hotel are you staying?
cercanías	short distance journey
largas distancias	long distance journey
las prestaciones	facilities
¿Hay restaurante en el tren?	Is there a restaurant on this train?
un billete de ida y vuelta	return ticket

¿A qué hora sale el tren para..?	*At what time does the train to... leave?*
Sale a las nueve horas.	*It leaves at 9.00.*
¿A qué hora llega a...?	*At what time does the train arrive at?*
a principios de abril	*at the beginning of April*
a mediados de abril	*in mid-April*
a finales de abril	*at the end of April*
¿Qué fecha es hoy?	*What date is it today?*
Es el 15 de junio.	*It is the 15th of June.*
¿Cuándo es tu cumpleaños?	*When is your birthday?*
¿Cuánto tiempo lleva?	*How long does it take?*
Lleva…	*It takes…*
!Qué lujo!	*How luxurious!*

Meses del año — *Months*

enero	*January*
febrero	*February*
marzo	*March*
abril	*April*
mayo	*May*
junio	*June*
julio	*July*
agosto	*August*
septiembre	*September*
octubre	*October*
noviembre	*November*
diciembre	*December*

Estaciones — *Seasons*

la primavera	*spring*
el verano	*summer*
el otoño	*autumn*
el invierno	*winter*

Un día en la ciudad
Guía de la unidad

unidad 5 Un día en la ciudad

Repaso

1 *En la Unidad 4 aprendiste a expresar tus gustos y preferencias. Ahora túrnate con un(a) compañero/a y contesta las siguientes preguntas.* In Unit 4 you learnt how to express your likes and preferences. Now take it in turns with a partner to answer the following questions.

1 ¿Te gusta(n): las playas? la montaña? la naturaleza? los parques? las reservas naturales? la piscina? los espacios protegidos?

2 ¿Te gusta(n): los deportes? el esquí acuático? el senderismo? el alpinismo? El turismo rural? visitar pueblos? la aventura? caminar? vacaciones tranquilas?

3 ¿Qué prefieres? ¿Pasar el fin de semana en Manchester o en España? ¿Quedarte en un hotel o en un camping? ¿Ir para un fin de semana o para un puente? ¿Una casa rural o una pensión? ¿Una casa en la playa o en el campo? ¿Una casa en la montaña o cerca de la playa?

4 ¿Qué te gusta más? ¿Viajar en tren o en avión? ¿Ver el paisaje o llegar rápido a un lugar? ¿Ir a Barcelona o a Salamanca? ¿Ir a las fiestas de los pueblos o ver monumentos? ¿Ver los museos o tomar el sol en la playa?

2 *Ahora escribe un informe con los gustos y preferencias de tu compañero/a.* Now write a short paragraph describing your partner's likes and preferences.

Aperitivo

Lugares de interés

Observa las fotos de diferentes lugares de Latino América y España y elige su nombre del recuadro de abajo. Look at the photos of different places in Latin America and Spain and match them to the names in the box below.

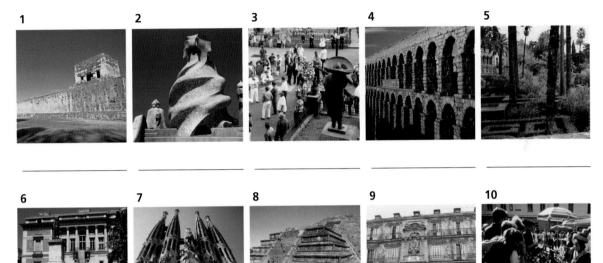

| La Giralda de Sevilla | La Casa Milá, Barcelona | El Acueducto de Segovia |

La Giralda de Sevilla   La Casa Milá, Barcelona   El Acueducto de Segovia
La Catedral de La Sagrada Familia, Barcelona   La pirámide de Tenochtitlan
Pista de juego de pelota, México   La Plaza Mayor, Madrid   El rastro, Madrid
La Plaza de México   El Museo del Prado, Madrid

Ejemplo: **A** Yo creo que la foto número 1 es la pirámide de Tenochtitlán.

          B No, yo creo que es la pista de juego de pelota, en México.

          A Sí, tienes razón.

lee **en pareja** **2**

Ahora con tu compañero/a relaciona las frases siguientes con las fotos anteriores. Now, with your partner, match the following sentences to the previous photos.

a) Tiene cuadros de pintores famosos. ☐

b) Está en el centro de la capital de España. ☐

c) Es un lugar de reunión de la gente en México. ☐

d) Es un monumento de origen Maya. ☐

e) Es un monumento de origen Azteca. ☐

f) Tiene unas torres muy altas. Es un lugar religioso. ☐

g) Es de origen romano, para transportar el agua. ☐

h) Es una Torre famosa en la ciudad de Sevilla. ☐

i) Es una casa diseñada por Gaudí. ☐

j) Es un mercadillo para comprar todo tipo de objetos. ☐

Ejemplo: **A** Yo creo que el Museo del Prado (6) tiene cuadros de pintores famosos.

B Sí, estoy de acuerdo.

v o c a b u l a r i o

el cuadro: *picture*
diseñado/a: *designed*
el mercadillo: *market*
el/la pintor(a): *painter*
todo el mundo: *all the world*
todo tipo de objetos: *all types of objects*
la torre: *tower*

escucha **solo** **3**

Ahora escucha la descripción de estos lugares. Marca en la tabla los adjetivos que oyes. Now listen to the description of these places. Mark the adjectives in the table.

	La plaza de México	Universidad de Salamanca	El Museo del Prado	La Plaza Mayor	La pirámide de Tenochtitlán	La Sagrada Familia
monumental						
grande						
neoclásico/a						
histórico/a						
antiguo/a						
popular						
alto/a						
bonito/a						
modernista						
acogedor(a)						

4 *Con tu compañero/a describe unos monumentos de vuestra ciudad usando los adjetivos de la tabla anterior.* With your partner describe some monuments from your city using the adjectives in the previous table.

 5 A *Relaciona las frases con estos dos lugares.* Match the sentences with these two places.

	El museo del Prado	La pirámide de Chichén Itzá
Este lugar tiene pinturas italianas, francesas, flamencas, holandesas e inglesas.		
Se llama también 'Templo de los Guerreros' y es el conjunto más importante de este lugar.		
Todos los españoles y extranjeros tienen que visitar este lugar. Este lugar tiene arte de todos los países. Es muy interesante. Es una visita obligada.		
Muestra con claridad la influencia de los toltecas en Yucatán.		
Este lugar está en un edificio de estilo neoclásico. Este edificio es muy bonito.		
En este lugar hay pinturas famosas de Goya y del Greco. Estos son pintores españoles.		
Está formada por cuatro escalones grandes.		
Este edificio está en el Paseo del mismo nombre, delante del Parque del Retiro y no muy lejos de la Plaza de Cibeles.		

B *Ahora, mientras escuchas el diálogo sobre estos lugares, marca las palabras que oyes. Quizá necesites escucharlo más de una vez.* Now, while you listen to the dialogue, tick the words as you hear them. You may need to listen to it more than once.

lo más interesante ❏   escalones ❏   arte ❏   influencia ❏   base cuadrada ❏   escalinata ❏   personas ❏   acceso ❏ grandes y altos ❏   tengo que visitarla ❏   museo ❏   italianas ❏ inglesas ❏   pinturas ❏   españolas ❏   pintores ❏ no muy lejos de ❏   edificio ❏   delante de ❏   extranjeros ❏

C *Ahora une las dos listas siguientes para formar frases completas. Después escucha el diálogo otra vez para confirmar las respuestas.* Now match up the phrases from the following two lists to make complete sentences. Then listen to the dialogue again to check your answers.

A Lo más interesante de la Península de Yucatán es la pirámide de Chichén Itzá

B Es una pirámide que está formada por cuatro escalones grandes y altos

C El Museo del Prado tiene pinturas italianas, francesas, flamencas, holandesas, inglesas y españolas, como de Goya y del Greco,

D Está en el Paseo del Prado, delante del Parque del Retiro, y no muy lejos de la Plaza Cibeles;

E Es un museo grande

F Todos los españoles y extranjeros

1 que son pintores españoles.

2 que es conocida con el nombre de 'Templo de los Guerreros'.

3 pues tiene pinturas de todo el mundo.

4 tienen que visitar el museo, es una visita obligada.

5 es un edificio de estilo Neoclásico muy bonito.

6 que soportan una base cuadrada. Es una pirámide con influencia Tolteca.

A *Lee el párrafo modelo siguiente.* Read the following model paragraph.

El Museo del Prado de Madrid

Es un edificio que está en el Paseo del Prado, delante del parque del Retiro, no muy lejos de la Plaza Cibeles. Es un museo grande pues tiene pinturas de todo el mundo, italianas, francesas, flamencas, holandesas, inglesas y españolas, de Goya y del Greco, que son pintores españoles. Así que todos los españoles y extranjeros tienen que visitar el Museo, es una visita obligada.

B *Tomando el párrafo anterior como modelo, escribe un párrafo similar sobre Chichén Itzá.* Using the paragraph above as a model write a similar paragraph about Chichén Itzá.

7 *Ahora escribe un párrafo resumen sobre una ciudad que conoces y luego compáralo con el de tu compañero/a.* Now write a paragraph about a city you know and then compare it with your partner's.

8 *Lee el siguiente texto sobre cómo llegar al Fórum de Barcelona y haz una lista de los diferentes medios para llegar allí.* Read the following text about how to get to the Forum of Barcelona and list the different ways you can get there.

> Para ir al Fórum de Barcelona, puedes escoger entre un gran número de medios de transporte, desde el metro, con la nueva estación Maresme-Fórum, el tren y el autobús hasta el recuperado tranvía, pasando por la bicicleta, transporte oficial del Fórum, los taxis e incluso el coche. Obviamente, también se puede acudir al Fórum a pie, o combinando el paseo con cualquiera de las posibilidades anteriores.

1 _____ 2 _____ 3 _____ 4 _____

5 _____ 6 _____ 7 _____ 8 _____

9 *¿Te acuerdas de los medios de transporte de la Unidad 4 (Segundo Plato: Actividad 2)? Pregunta a tu compañero/a cómo ir a los siguientes sitios.* Do you remember the different means of transport in Unit 4 (Segundo Plato: Activity 2)? Ask your partner how to get to the following places.

a) la Universidad **b)** el centro de la ciudad **c)** tu ciudad / pueblo
d) la biblioteca

Ejemplo: **A** ¿Cómo vienes a la facultad?

B En tren.

A ¿Y cómo vas a la estación de tren?

B En autobús.

Primer plato

Dos grandes ciudades

Barcelona is one of the great cities of the world, vying with Madrid in wealth and cosmopolitan atmosphere. It is the capital of Cataluña and is situated on the Mediterranean, close to the border with France. It is famous for its modernist architecture, developed largely through the influence of Antoni Gaudí and easy to spot in the elegant boulevards created towards the end of the nineteenth century and known as the **Ensanche**. You may well have heard of **Las Ramblas**, the broad avenue which goes from the **Plaça de Catalunya** down to the sea and which is home to flower sellers, mime artists, jugglers and cartoonists – as well as to the thousands who flock to stroll the streets of Barcelona. The city was literally turned upside down and inside out on the occasion of the 1992 Olympic Games. Planners and architects took the opportunity to open Barcelona up again to the sea; there are new beaches, promenades and 'fun palaces' like the **Maremagnum**. If you visit, you might like to go up **Tibidabo** by tram and enjoy the Fun Fair. If you had been there in 2004, you might have joined the Forum, a great cultural event designed to promote reflection, debate and intellectual stimulation for the Catalans and international visitors who attended the huge number of conferences, exhibitions and cultural events which took place during the spring and summer of 2004.

1 *Mira las siguientes frases sobre dos grandes ciudades españolas. Después decide a qué ciudad se refieren.* Look at the following statements about two great Spanish cities. Then decide which city they refer to.

	Madrid	Barcelona
Es una ciudad grande y acogedora.		
Tiene el Estadio Olímpico de Montjuïc.		
Es una ciudad dinámica, mediterránea.		
Está en la costa y sus playas son muy bonitas.		
Tiene buen ambiente nocturno.		
Hay dos estadios de fútbol, uno se llama Estadio Bernabéu y el otro Vicente Calderón.		
Hay museos muy interesantes, como el Museo del Prado.		
Hay muchas zonas verdes, como el Parque del Retiro.		
Hay museos significativos como el Museo de Artes e Industrias Populares.		
Hay un pabellón polideportivo cubierto, que se llama El Palau Sant Jordi.		
La montaña de Montjuïc está entre la ciudad y el mar.		
Para los niños hay un Parque de atracciones, un Zoológico y un Parque temático.		
Hay monumentos de Gaudí, como la catedral de la Sagrada Familia, la Casa Milá y la Casa Batlló.		
En las Ramblas se pueden ver puestos de flores y teatro callejero.		
Tiene un rastro muy famoso donde se puede comprar ropa y antigüedades.		
Hay una estación de tren antigua que se llama Atocha.		
Tiene un carril de bicicletas que llega hasta el Fórum.		

2 Mirad estas preguntas y respuestas sobre Madrid y Barcelona y unidlas. Después escuchad la conversación y confirmad vuestras respuestas. Look at the questions and answers about Madrid and Barcelona and match them. Then listen to the conversation and check your answers.

1 ¿Conoces Barcelona?

A Sí, claro, pero el equipo de Barcelona es mejor.

2 ¿Conoces el Estadio Olímpico y el Palacio de San Jordi?

B Me apunto a tu invitación para conocer Barcelona, pero todavía prefiero Madrid.

3 ¿Quieres conocer Barcelona?

C Sí, claro que la conozco, soy de ahí.

4 Ya sabes que Madrid tiene dos equipos de fútbol muy buenos.

D No, no los conozco.

3 Ahora escucha otra vez la conversación entre Begoña y Jordi e indica qué ciudad prefiere cada uno. Explica sus razones. Now listen again to the conversation between Begoña and Jordi and indicate which city each of them prefers. Give their reasons.

	Madrid	Barcelona
Jordi		
Begoña		

4 En la actividad anterior aparecen dos verbos con el significado de 'to know': ¿cuáles son? In the previous activity you came across two verbs meaning 'to know': what are they?

5 Ahora intenta rellenar la tabla con las personas que faltan de los verbos **saber** y **conocer**. Now try to fill in the table with the missing persons of the verbs **saber** and **conocer**.

	conocer	saber
(yo)	conozco	sé
(tú)		
(él, ella, usted)		sabe
(nosotros/as)		
(vosotros/as)		sabéis
(ellos, ellas, ustedes)		

 **6**

Ahora lee los siguientes ejemplos. ¿Puedes deducir el uso de los verbos ***saber*** *y* ***conocer****?* Now read the following examples. Can you work out the use of the verbs **saber** and **conocer**?

Conozco: la ciudad de Salamanca; a María; la playa de San Juan; las calles de Santander; España; el arte de Goya.

Sé: tu dirección; hablar español; usar el ordenador; el nombre de mi profesora; su número de teléfono; la hora que es; dónde está el departamento de español; que Madrid tiene dos equipos famosos de fútbol.

 **7**

Ahora une los verbos ***saber*** *y* ***conocer*** *con las frases correspondientes.* Now match the verbs **saber** and **conocer** with the appropriate sentences.

1 Sé:
    a) a qué hora empieza la clase de español.

    b) a los profesores de español.

    c) dónde vive mi amiga.

2 Conozco:
    d) la gramática del español.

    e) la Universidad de Granada.

    f) (hablar) un poco de alemán.

    g) los museos de Madrid.

 8

Ahora haz estas preguntas en español a tu compañero/a. Now ask your partner these questions in Spanish.

1 Do you know Spain / Barcelona / Madrid?

2 Do you know where La Sagrada Familia is?

3 Do you know any sports facilities in Barcelona?

4 Do you know what time it is now?

5 Do you know the Museo del Prado in Madrid?

Ejemplo: **A** ¿Conoces España?

    B Sí, conozco España un poco. (No, no conozco España.)

 **9**

En la Unidad 4 aprendimos los comparativos. Escucha a estas personas hablar sobre el lugar más bonito que conocen. Toma nota en la tabla. In Unit 4 we learnt about comparatives. Listen to these people talking about the nicest place they know. Note down which speaker likes what.

Persona	La selva	El campo	Las playas
1			
2			
3			

Ahora une las dos columnas para formar frases correctas. Now match the two columns to form correct sentences.

1 Mi ciudad tiene las

2 Mi pueblo tiene los

3 La selva es

4 Mi ciudad es la

5 Mi pueblo tiene el

6 Los lugares

7 El lugar

a) más acogedora.

b) campo de fútbol más grande.

c) más bonitos son las playas.

d) parques más bonitos.

e) más bonito que conozco es el campo, en mi pueblo.

f) el lugar más bonito que conozco.

g) discotecas más concurridas.

¿Te acuerdas de cómo formar el superlativo? Can you remember how to form the superlative?

Forma preguntas con tu compañero/a y turnaos para contestarlas. Make up questions with your partner and take turns to answer them.

	el lugar	más bonita que conoces?
	la ciudad	más acogedora que conoces?
	la playa	más bonito que conoces?
¿Cuál es para ti	las ciudades	más grandes y bonitos que conoces?
¿Cuáles son para ti	los lugares	más bonitas que conoces?
	los estadios	más bonitos que conoces?

Segundo Plato

Cómo llegar a ...

1 *Relaciona estas frases con los planos de abajo.* Match these phrases with the diagrams below.

1 la segunda a la izquierda ❑ **2** todo recto ❑ **3** la primera a la derecha ❑
4 a mano izquierda ❑

A   **B**   **C**   **D**

2 *Escucha seis diálogos donde las personas preguntan cómo ir a La Puerta del Sol o a Las Ramblas. Pon el número del diálogo apropiado al lado de cada instrucción.* Listen to six dialogues in which people ask how to get to La Puerta del Sol or to Las Ramblas. Write the number of the appropriate dialogue next to each sign below.

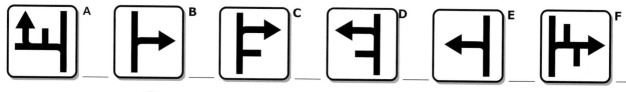

3 *Ahora une las siguientes frases en imperativo con su equivalente en inglés.* Now match the imperative sentences with their English equivalent.

A Continue straight ahead.

B Turn right.

C Take the first on the left.

D Take the second on the left.

1 <u>Toma</u> la primera a la izquierda.

2 <u>Coge</u> la segunda a la izquierda.

3 <u>Sigue</u> (continúa) todo recto.

4 <u>Gira</u> a la (mano) derecha.

4 *Haz una lista de los verbos usados en la Actividad 3. Son verbos en la forma del imperativo o de instrucción. Después, al lado, escribe las formas del infinitivo.* List the verbs used to give directions in Activity 3. These are given in the imperative or command form. Then alongside them list their infinitive forms.

Imperativo (tú)	Infinitivos

_____   _____

_____   _____

Can you work out how the imperative with **tú** is formed?

The Imperative form

IMPERATIVO: verbos regulares

	girar	**recorrer**	**subir**
(tú)	gira	recorre	sube
(usted)	gire	recorra	suba
(vosotros/as)	girad	recorred	subid
(ustedes)	giren	recorran	suban

Verbos irregulares

recordar	**coger**	**seguir**	**volver**
recuerda	coge	sigue	vuelve
recuerde	coja	siga	vuelva
recordad	coged	seguid	volved
recuerden	cojan	sigan	vuelvan

You need to use this form (the imperative or command) for giving instructions or asking people to do things for you in shops and cafes. Unfortunately, there are eight forms! Here you have the four 'positive' forms, two informal (*tú* and *vosotros*) and two formal (*usted* and *ustedes*). You will need to learn them by heart!

en pareja 5

vocabulario

hasta: *until*

hasta el final: *till the end*

cruzar: *to cross*

A *Estás en la biblioteca (A). Da instrucciones a un(a) amigo/a para ir al museo (B), a la catedral (C) y al centro comercial (D).* You are at the library (A). Give directions to a friend to the museum (B), the cathedral (C) and the shopping centre (D).

Ejemplo: **A** ¿Para ir al museo?

B Es muy fácil. Toma ...

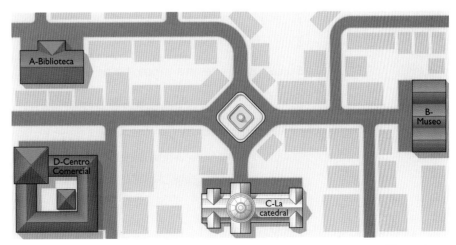

B *Después da las instrucciones a una persona que no conoces.* Then give the directions to a person you don't know.

Postre

De compras en el Rastro

> ★ **Nota cultural**
>
> The **Rastro** is the famous flea market in Madrid, which operates just south of the Plaza Mayor around the Ribera de Curtidores. There are over a thousand stalls selling all manner of things, both new and second-hand. It's a good place to go on a Sunday morning when all the other shops are shut. Be careful though and hang on to your passport and wallet – small-time thieves find easy pickings here among the crowds of tourists and Madrileños. The nearest metro stations are Latina, Embajadores and Tirso de Molina.

A *Mira con tu compañero/a las fotos de las diferentes partes del Rastro y lo que venden y decide qué frase va con cada una.* With your partner, look at the following photos of the different parts of the flea market and what they sell, and decide which sentence goes with each photo.

A ☐   B ☐   C ☐   D ☐   E ☐

vocabulario

las antigüedades: *antiques*
los vaqueros: *jeans*
las herramientas: *tools*
el cuero: *leather*
la artesanía: *craft items*

1 Tiene ropa de segunda mano.

2 Venden discos, CDs y DVDs.

3 Venden antigüedades.

4 Aquí hay herramientas.

5 Puestos de artesanía y ropa, hecha a mano, etc.

B *Practica con tu compañero/a a preguntar dónde venden estas cosas.* Practise asking your partner where these things are sold.

Ejemplo: **A** ¿Dónde venden discos?

        B Aquí, en Carlos Arniches.

C *Rellena esta tabla con lo que venden y dónde lo venden.* Complete the following table with notes on what is sold where.

El Rastro	A	B	C	D	E
Venden	Ejemplo: artesanía, ropa nueva, y hecha a mano				

A *Marca los objetos que venden según los oyes en el diálogo.* Tick the items for sale as you hear them in the dialogue.

faldas ❑   relojes ❑   artesanía ❑   ropa hecha a mano ❑
vaqueros ❑   libros ❑   ropa de segunda mano ❑   antigüedades ❑
discos ❑   CDs ❑   DVDs ❑   herramientas ❑   bolsos ❑
mochilas ❑   chaquetas ❑   muebles ❑   ropa de cuero ❑
camisetas ❑   porcelana ❑   zapatos ❑   maletas ❑

B *¿Que objetos esperas encontrar en los mismos puestos?* Which items do you expect to find on the same stalls?

Escucha los siguientes diálogos y decide si las afirmaciones son verdaderas (V) o falsas (F). Listen to the following dialogues and decide if the statements are true (V) or false (F).

vocabulario

el color: *colour*
la falda: *skirt*
la maleta: *suitcase*
el reloj: *watch*
la talla: *size*
el zapato: *shoe*
blanco/a: *white*
negro/a: *black*
amarillo/a: *yellow*
rojo/a: *red*
verde: *green*
rosa: *pink*
marrón: *brown*
azul: *blue*
gris: *grey*
naranja: *orange*

Diálogo 1:   Víctor quiere comprar unos vaqueros.

En el Rastro Begoña quiere comprar un CD.

Víctor quiere ir al Rastro.

Begoña no quiere ir al Rastro.

Diálogo 2:   Víctor compra una chaqueta que cuesta 120 euros.

Víctor prefiere una chaqueta marrón en talla más grande.

La chaqueta más grande cuesta 150 euros.

Diálogo 3:   Víctor quiere ir a una discoteca.

Víctor quiere comprar algo de música.

Víctor quiere comprar artesanía.

El puesto de música está al lado de un puesto de artesanía.

A *Lee los diálogos con tu compañero/a y pon en orden las frases. Después escucha los diálogos otra vez y confírmalos.* Read the dialogues with your partner and put the sentences in the correct order. Then listen to the dialogues again to check them.

Diálogo 1:

Víctor	Ah! fenomenal porque yo también quiero comprar el último disco de Ketama, a ver si lo tienen.
Begoña	Vale, necesito comprar un regalo a mi hermana, un CD o algo así, no sé.
Víctor	Mira, voy al Rastro a comprar una chaqueta de piel, ¿vienes conmigo?
Begoña	Bien, gracias.
Víctor	Hola Begoña. ¿Cómo estás?

Diálogo 2:

Dependienta	Sí, claro, ésta marrón cuesta 150 euros, es la chaqueta más grande que tenemos. Aquí tiene.
Dependienta	Sólo 120 euros.
Dependienta	¿Ésta negra?
Víctor	¿Tiene una talla más grande en marrón?
Dependienta	Hola, buenas tardes.
Víctor	Perdone, ¿cuánto cuesta esta chaqueta?
Víctor	Sí, la chaqueta negra.
Víctor	Sí, prefiero esta marrón.

B *Ahora practica a leer los diálogos en parejas.* Now practise reading the dialogues in pairs.

C *Practica el diálogo 2 otra vez, sustituyendo la palabra 'chaqueta' por otros objetos del Rastro, otros materiales y otros colores.* Practise dialogue 2 again, replacing the word 'chaqueta' with other items in the Rastro, other materials and other colours.

Laboratorio de lengua

Objetos	**Materiales**
un bolso	de plástico
un reloj	de oro / de plata
una camisa	de algodón
un pantalón	de pana

Note:
esta chaqueta = ésta   estas zapatillas = éstas
este disco = éste   estos CDs = éstos

Café

Pronunciación y Ortografía

La ñ

1 *Esta letra es propia del alfabeto español. Escucha las siguientes palabras y completa la tabla según oigas 'n' o 'ñ'.* This letter is characteristic of the Spanish alphabet. Listen to the following words and complete the grid according to what you hear.

ENE: N	EÑE: Ñ
1	
2	
3	
4	
5	
6	

2 *Escucha estas palabras y repítelas.* Listen to these words and repeat them.

> niño   otoño   cuando   Canarias   año   anillo   mañana   piña
> comienza   opinión   canción   nieve   menú   España   pequeño
> nieta

Tu portfolio

1 Choose three important places in a Spanish-speaking city of your choice that you would like to recommend to a visitor. Write at least 100 words about these places, supplementing your information from the Internet if you wish.

2 You are at the university. Give directions to a friend telling them how to get to:
a your home   **b** the city centre   **c** the nearest shop

3 Make a list of at least three things you want to buy in the Rastro. With a partner, prepare dialogues asking for these items and the price. Then record yourselves.

4 Choose a market or shopping centre you know well. Write at least 100 words on:
- where it is
- how you get there
- what you can buy
- your favourite stall / shop

5 Ask a native speaker to give you directions on how to get to where they live. Record and transcribe the conversation.

Sobremesa cultural

¿Qué sabes de Madrid?

¿Qué sabes de Madrid? ¿Conoces estos lugares? Pon los nombres correctos en las fotos. What do you know about Madrid? Do you know these places? Write the correct names on the photos.

EL RETIRO   ATOCHA   LAS CORTES   LA PUERTA DEL SOL
ESTADIO BERNABÉU   LA UNIVERSIDAD COMPLUTENSE

Repaso

Ahora ya puedes:
You should now be able to:

* *Describir y entender la descripción de lugares*
  Describe and understand descriptions of places

* *Entender algo sobre los medios de transporte*
  Understand something about different means of transport

* *Comparar ciudades*
  Compare cities

* *Entender y usar el tiempo presente de los verbos saber y conocer*
  Understand and use the present tense of the verbs saber and conocer

* *Entender y dar instrucciones para llegar a un lugar usando el imperativo con tú y usted*
  Understand and give directions to a place using the imperative with tú and usted

* *Hacer una compra en un rastro*
  Do some shopping in a flea market

Ahora haz los siguientes ejercicios y repasa el material que no entiendas antes de pasar a la Unidad 6. Now do the following exercises and revise any material you do not understand before proceeding to Unit 6.

1

Escribe frases correctas. Usa estas sugerencias y haz tantas frases como puedas. Write correct sentences. Using these suggestions make as many sentences as you can.

		el Estadio Olímpico de Montjuïc.
		El Museo Nacional de Arte de Catalunya.
Madrid	hay	una ciudad cosmopolita, mediterránea.
Barcelona		los estadios Bernabéu y Vicente Calderón.
	es	muchas zonas verdes como el Parque del Retiro.
	tiene	una ciudad grande, dinámica, acogedora.
		el museo del Prado.
En Madrid	está	en el centro de España, a una hora de las montañas y de estaciones de esquí.
En Barcelona		muchos monumentos como La Sagrada Familia.
		en la costa mediterránea, cerca de las montañas y de estaciones de esquí.

2 *Elige la traducción correcta.* Choose the correct translation.

1 I know a lot of people.

a) Sabemos mucha gente.   **b)** Conozco a mucha gente.
c) Sé a mucha gente.

2 Do you know what time the Spanish class is?

a) ¿Conoces la hora de la clase de español?   **b)** ¿Sé a qué hora es la clase de español?   **c)** ¿Sabes a qué hora es la clase de español?

3 We don't know how to cook.

a) No sabemos cocinar.   **b)** No conozco cocinar.
c) No conocemos cómo cocinar.

4 She knows Manchester very well.

a) Sé muy bien la ciudad de Manchester.
b) Conoce Manchester muy bien. **c)** Sabe Manchester muy bien.

3 *Practica el diálogo con un(a) compañero/a, pidiendo instrucciones a una persona en la calle. Primero usad la segunda persona (tú), y luego la tercera (usted). Después turnaos.* Practise the dialogue with a partner, asking for instructions from a person in the street. Begin by using the second person (**tú**) and then the third person (**usted**). Then swap roles.

A Perdona (Perdone), ¿dónde está el puesto de artesanía?

B Say it is very near. Go down this street, and continue until the end.

A ¿Está en la calle principal?

B Say yes, it is a very popular street. The stall is near a monument.

A ¿Sabes (Sabe) si venden chaquetas en esta calle también?

B Say I know they sell jackets in the Rastro, but in a different street.

A ¿Sabes (Sabe) dónde está el puesto?

B Say yes of course; cross the square, go up / take this street, turn to the right, and the stall is there, next to the park.

A Gracias, señor(a).

4 *Éstas son las instrucciones a seguir para ir a ver a una amiga que vive en la calle Doce de Octubre n° 9. Colócalas en orden.*

A Mi casa está a mano derecha, esquina a la avenida de Menéndez Pelayo, detrás del Parque del Retiro, en el número 9.

B Baja del metro en la calle Doctor Esquerdo.

C **Desde tu casa** ve hasta el Metro de la Plaza Castilla.

D Continúa por Doctor Esquerdo y gira a la izquierda por la calle Doce de Octubre.

E Sube en el metro y coge la línea 1 hasta la estación de Cuatro Caminos.

F Después de la estación de Cuatro Caminos sigue hasta la estación de Sainz de Baranda.

5 *En un puesto del Rastro tú y tu amigo/a queréis comprar una camiseta. Completa el diálogo y túrnate con tu compañero/a.* You and your friend want to buy a t-shirt at a stall on the flea market. Complete the dialogue and then swap roles.

A Hola, buenos días.

B Say hello, have you got Madrid t-shirts?

A Sí, tenemos ésta en blanco, ¿le gusta?

B Say yes, but you want the smallest t-shirt.

A Sí, aquí tiene la camiseta más pequeña.

B Say you like it.

A Muy bien, aquí tiene.

B Ask the price.

A Son ciento veinte euros.

B Say thank you and goodbye.

Vocabulario

Nombres	Nouns
el acento	accent
el ambiente nocturno	night atmosphere
las antigüedades	antiques
la artesanía	crafts
el autobús	bus
la avenida	avenue
la biblioteca	library
la bicicleta	bicycle
el bolso	bag
la calle	street
el calor	heat
la camiseta	t-shirt
el campo	countryside
el casco urbano	city centre
la catedral	cathedral
la chaqueta	jacket
el CD (disco compacto)	compact disc
el coche	car
la competencia	competence
el concierto	concert
el cuero	leather
el disco	LP
el DVD	DVD
la escalinata	staircase
el escalón	step
el espectáculo	show
la falda	skirt
el frío	cold
la gente	people
las herramientas	tools
el jardín	garden
el lugar	place
la maleta	suitcase
el medio de transporte	means of transport
el mercadillo	market
el metro	underground
la mochila	rucksack
los muebles	furniture
el museo	museum
el pabellón	pavilion
el palacio	palace
el parque	park
la piel	leather
la pirámide	pyramid
la plaza	square
la porcelana	porcelain
el rastro	flea market
el reloj	watch
la ropa hecha a mano	hand-made clothes
ropa de segunda mano	second-hand clothes
la selva	jungle
la talla	size
la torre	tower
los vaqueros	jeans
la vida nocturna	night life

el zapato	shoe

Verbos	Verbs
aparcar	to park
aprovechar	to take advantage
conocer	to know
decir (i)	to say
diseñar	to design
disfrutar	to enjoy
escoger	to choose
hay	there is / are
mirar	to look
observar	to observe
recordar (ue)	to remember
saber	to know
soportar	to bear
tener ganas	to look forward
transportar	to transport

Verbos de instrucción	Verbs of direction
bajar	to go down
continuar	to continue
girar	to turn
ir	to go
pasar	to pass
seguir (i)	to follow
subir	to go up
tomar	to take
volver (ue)	to return

Adjetivos	Adjectives
acogedor(a)	welcoming
antiguo/a	old
atractivo/a	attractive
bonito/a	nice
clásico/a	classic
conocido/a	known
cosmopolita	cosmopolitan
divertido/a	enjoyable / funny
dinámico/a	dynamic
fácil	easy
famoso/a	famous
grande	big
histórico/a	historic
interesante	interesting
modernista	modernist
moderno/a	modern
monumental	monumental

Complementos de lugar	Complements of place
al lado de	next to
delante de	right in front of
enfrente de	opposite
detrás de	behind
a la derecha	to the right
a la izquierda	to the left

Mi autobiografía

Guía de la unidad

En esta unidad vas a:
In this unit you will:

★ *Entender y hablar de acciones en el pasado*
Understand and talk about actions in the past

★ *Hablar de acciones en el presente en contraste con el pretérito indefinido*
Talk about actions in the present tense in contrast with the past tense

★ *Entender información para rellenar un impreso*
Understand information in order to fill in a form

★ *Entender y hablar de tu propia autobiografía y la de otros*
Understand and talk about your own and other people's biographies

Repaso

Une las frases de cada columna.

1 En el Rastro de Madrid

a) un monumento que simboliza a Madrid y está en el centro, en la Puerta del Sol.

2 Para ir a diferentes partes de Madrid

b) que está en el centro de Madrid.

3 En Madrid hay

c) hay muchos puestos que venden desde chaquetas de piel hasta muebles y objetos de artesanía.

4 El Oso y el Madroño es

d) puedes coger el metro, el autobús, el autobús nocturno, el teleférico, el tren.

5 Para ir a mi casa

e) muchos museos, teatros, cines, muchos parques, pero no hay playa.

6 El Retiro es un parque

f) baja por esta calle, luego gira a la derecha, pasa el museo a la izquierda, toma la segunda calle a la derecha, y mi casa está a mano izquierda, en el número 4.

Aperitivo

¿Qué hicisteis ayer?

solo 1

Mira las siguientes imágenes de lo que hizo Mario anoche con sus amigos. Primero sugiere un posible orden y después escucha el diálogo para confirmar tu elección.

a beber y bailar

b conocer

c cenar

d tomar

 solo 2

Escucha los verbos en pasado de estos infinitivos en el diálogo.

Infinitivos	Anoche . . .
conocer	_____
bailar	_____
salir	_____
tomar	_____
hacer	_____
cenar	_____
divertirse	_____
beber	_____

How do these past tense forms differ from the present tense forms?

6 MI AUTOBIOGRAFÍA

3 *Une las preguntas con las respuestas adecuadas.*

Vosotros	**Nosotros**
1 ¿Qué hicisteis anoche?	**a)** Bailamos y bebimos toda la noche.
2 ¿Qué tomasteis en el bar?	**b)** Comimos una paella vegetariana.
3 ¿Qué comisteis en el restaurante?	**c)** Mis amigos y yo salimos por todos los lugares de moda de Madrid.
4 ¿Qué hicisteis en la discoteca?	**d)** Fuimos a una discoteca.
5 ¿Conocisteis a alguna chica?	**e)** Tomamos unas copas.
6 ¿A dónde fuisteis ayer?	**f)** Sí, conocimos a cinco chicas muy majas y guapas.

4

¿Qué hicisteis ayer?

Imagina que tú y tu amigo sois amigos de Mario. Practica con tu compañero/a las preguntas anteriores y las respuestas siguientes.

a) Cenamos en un restaurante donde sirven sólo paellas.

b) Sí, conocimos a unas chicas muy majas.

c) Anoche salimos a todos los lugares de moda de Madrid, desde terrazas hasta discotecas. Lo pasamos muy bien.

d) Bailamos y bebimos hasta muy tarde.

e) Tomamos unas copas en el bar de la esquina.

Ejemplo: **A** ¿Qué hicisteis anoche?

            B Anoche salimos a todos los lugares de moda de Madrid, desde terrazas hasta discotecas. Lo pasamos muy bien.

5 *Clasifica los verbos anteriores según su infinitivo.*

Pretérito indefinido	-ar	-er	-ir
nosotros/as			
vosotros/as		Ejemplo: hicisteis (irreg)	

Primer plato

¿Qué hiciste anoche?

1 Escucha el siguiente diálogo entre Begoña y Carmen hablando sobre lo que hicieron anoche y marca con una X la persona correcta.

	Carmen	Begoña
Me quedé en casa.		
Salí hasta muy tarde.		
Vi la tele.		
Fui a una discoteca.		
Conocí a un chico guapísimo.		
Me fui a la cama muy pronto.		

2 ### ¿Qué hiciste anoche?
Une los verbos de la izquierda con las frases de la derecha.

1 Pues . . . estudié   **a)** un programa nuevo en Telecinco.

2 Fui   **b)** con un amigo.

3 Comí   **c)** en casa.

4 Me quedé   **d)** unos emails.

5 Vi   **e)** a una chica.

6 Escuché   **f)** para un examen.

7 Escribí   **g)** por el Internet.

8 Quedé   **h)** al centro.

9 Conocí   **i)** música.

10 Navegué   **j)** en el bar de la esquina.

3 Ahora pregunta a tres compañeros lo que hicieron anoche.

Ejemplo: *A*   ¿Qué hiciste anoche?

         B   Salí con unos amigos.

4 **¿Cuándo? (Expresiones de tiempo)**

Relaciona las expresiones de tiempo en español y en inglés.

1 ayer		**a)**	last weekend
2 anoche		**b)**	last month
3 anteayer / antes de ayer		**c)**	last summer
4 la semana pasada		**d)**	yesterday
5 el fin de semana pasado		**e)**	the other day
6 el verano pasado		**f)**	last week
7 el viernes pasado		**g)**	last night
8 el mes pasado		**h)**	last Friday
9 el otro día		**i)**	the day before yesterday

5 *Ahora practica con tu compañero/a. Haz preguntas con las siguientes frases. Turnaos para preguntar y contestar.*

¿Qué hiciste	ayer?
¿Dónde fuiste	anoche?
¿Con quién fuiste	anteayer / antes de ayer?
¿Saliste	la semana pasada?
¿Quedaste con. . .	el fin de semana pasado?
¿Viste la tele	el verano pasado?
¿Hablaste con. . .	el viernes pasado?
¿Conociste a alguien	el mes pasado?
¿Escribiste un email a	el otro día?

Ejemplo: **A** ¿Dónde fuiste el verano pasado?

  B Fui a México con mi novio/a.

 **6** *Ahora escribe 5 frases sobre <u>qué</u> hiciste, <u>dónde</u> fuiste, <u>con quién</u> fuiste:*
a) la semana pasada; b) el verano pasado; c) anoche.

Ejemplo: La semana pasada hice una visita turística a Barcelona.
  Fui con un amigo.

Algunos verbos irregulares en pretérito indefinido

	ser	ir	hacer
(yo)	fui	fui	hice
(tú)	fuiste	fuiste	hiciste
(él, ella, usted)	fue	fue	hizo
(nosotros/as)	fuimos	fuimos	hicimos
(vosotros/as)	fuisteis	fuisteis	hicisteis
(ellos, ellas, ustedes)	fueron	fueron	hicieron

7 *Primero lee las frases de la lista e intenta ponerlas en orden y después escucha "Un poco de la vida de Mario el año pasado" para confirmar tus respuestas. Luego contesta las preguntas.*

a) Unos meses más tarde fui a vivir a Madrid.

b) Encontré mi primer trabajo en Madrid.

c) El año pasado viví, primero en Salamanca.

d) Luego trabajé como ayudante en un hospital.

e) En Salamanca empecé Medicina.

f) Primero fui camarero en un bar.

g) Luego continué mis estudios de Medicina en Madrid.

1 ¿Qué estudia Mario?

2 ¿Cuál fue su primer trabajo?

3 ¿En qué ciudad vivió primero?

8 *Relaciona las preguntas 1–4 con las respuestas y luego escucha "Un poco de la vida de Mario del año pasado" otra vez para confirmarlas.*

1 ¿Dónde viviste el año pasado?

A Después continué los estudios de Medicina en Madrid.

2 ¿Qué estudiaste?

B Primero fui camarero en un bar. Conocí a gente muy maja.

3 ¿Por qué cambiaste de universidad?

C Luego trabajé como ayudante en un hospital.

4 ¿En qué trabajaste?

D Viví primero en Salamanca, unos meses mas tarde fui a vivir a Madrid, y luego continué mis estudios en Madrid.

E Empecé Medicina en Salamanca.

F Porque el curso de la Universidad de Madrid se adapta más a lo que yo quiero hacer.

9 *Clasifica los verbos de la Actividad 8 según su infinitivo y persona.*

	-ar	-er	-ir	Irregulares
yo				
tú	**Ejemplo:** trabajaste			

10 *Practica con tu compañero/a las preguntas y respuestas sobre el año pasado y también sobre este año.*

1 ¿Dónde viviste el año pasado? ¿Dónde vives ahora?

2 ¿Qué estudiaste el año pasado? ¿Qué estudias este año?

3 ¿En qué trabajaste el año pasado? ¿En qué trabajas este año?

> **Laboratorio de lengua**
>
> The tense which has been introduced in this unit is used to express actions which took place at a particular time in the past. It is called the **Pretérito indefinido** (the Preterite) and is normally used with a time expression such as:
>
> *en enero, febrero, marzo . . .*
> *ayer, antes de ayer, el lunes . . .*
> *el año pasado, el invierno pasado . . .*

★ **Nota cultural**

In Spain young people tend to go out for a drink (**de copas**) late at night, around ten or eleven. They usually drink little and often have something to eat at the same time, such as a **tapa** or **pinchito**, which is sometimes given free. They also go out to clubs, which are usually open until five in the morning. One cannot avoid smoky areas in bars and clubs as most Spanish people smoke and the non-smokers tend to be the odd ones out. Of course, one cannot smoke on public transport, such as the Metro, train or buses.

Segundo plato

Rellenando un impreso

 1 *Mira el impreso de Robert para matricularse en la clase de francés y después escucha a Robert y a Mario y rellena el impreso.*

MATRÍCULA PARA IDIOMAS

Nombre		Apellidos
Idioma	Nivel: Principiantes Intermedio Avanzado	Idiomas que hablas
Residencia actual		Estudios actuales
Residencia en los últimos tres años		Estudios recientes / cursillos

2 *Decide si las frases siguientes son verdaderas (V) o falsas (F).*

1 El año pasado Robert vivió en una residencia.

2 Robert terminó el colegio a los diecisiete años.

3 Hace tres años Robert empezó la carrera de Lingüística.

4 Robert hizo un cursillo de verano de francés en el primer año de carrera.

5 Robert habla muy bien francés.

6 Hace dos años Robert vivió en Leeds.

7 Robert estudió español en la Universidad.

3 *Con tu compañero/a forma todas las preguntas posibles y luego practica las preguntas y respuestas. Toma nota de las respuestas.*

¿Cuándo	empezaste (empezar) hiciste (hacer)	tu primer trabajo? el colegio?
¿Qué	terminaste (terminar)	la Universidad?
¿Dónde	leíste (leer) viviste (vivir)	anoche? el año pasado?

en pareja 4 *Ahora cuéntaselo a la clase.*

(Anita) empezó hizo terminó leyó vivió	un cursillo de español	en 199... (mil novecientos noventa y ...)
	la Universidad	en 200... (dos mil ...) el año pasado
	el colegio	hace mucho tiempo
	revistas, libros de literatura	hace (1 año, 2 años...) anoche
	en una residencia	en enero de 199...
	mi primer trabajo	la semana pasada

 5 *Rellena los espacios de las siguientes frases con el pretérito de los verbos entre paréntesis.*

1 José (terminar) _____ sus estudios en el dos mil cuatro.

2 Nosotros (venir) _____ a Madrid el año pasado.

3 Yo (estar) _____ en Inglaterra el verano pasado. Fui para mejorar mi inglés.

4 ¿En qué mes (nacer) _____ tú?

5 La semana pasada, vosotros no (estar) _____ en clase.

 6 *Traduce al español las siguientes frases.*

1 What did you do last night? _____

2 Last summer we went to Barcelona. _____

3 I finished my degree last year. _____

4 Last night we stayed at home. _____

5 Where did he go yesterday? _____

7 *Tres personas (1, 2, 3) hablan de lo que hicieron el año pasado. Escucha y pon el número apropiado en la casilla correspondiente. El primero está hecho.*

6 MI AUTOBIOGRAFÍA

Empezó	el paro	la universidad 1	un trabajo
¿En qué ciudad vivió?	en Barcelona	en Bilbao	en Santiago
¿Dónde vivió?	en una casa	en un apartamento	en una residencia
¿Con quién vivió?	con dos chicas	con sus padres	con un amigo
¿Qué hizo?	estudió inglés	estudió biología y francés	trabajó en el departamento de personal
¿Le gustó?	sí, mucho	sí	no mucho

8 *Las fechas de abajo están escritas en el orden incorrecto. Escribe las fechas correctamente.*

2005 mil dos cinco _____ 2001 mil dos uno _____

2000 mil dos _____ 1998 noventa y ocho novecientos mil _____

1986 novecientos y mil seis ochenta _____ 1911 once novecientos mil

1900 novecientos mil _____ 1851 cincuenta y mil uno ochocientos _____

1492 cuatrocientos mil noventa y dos _____ 1848 cuarenta ochocientos y mil ocho _____

9 *Ahora une cada fecha con su acontecimiento.*

1 En 2004   **a)** terminó la Segunda Guerra Mundial.

2 En 1492   **b)** tuvieron lugar los Juegos Olímpicos en Barcelona.

3 En 1914   **c)** empezó la guerra civil española.

4 En 1945   **d)** se inauguró el Fórum en Barcelona.

5 En 1992   **e)** Cristóbal Colón llegó al Nuevo Mundo.

6 En 1936   **f)** empezó la Primera Guerra Mundial.

7 En 1822   **g)** Vasco Nuñez de Balboa descubrió el Mar del Sur, luego llamado Océano Pacífico.

8 En 1513   **h)** México se independizó de España.

¿Puedes hacer más frases con fechas del pasado?

A *Mirad la información sobre algunos acontecimientos y personajes famosos del mundo hispano. ¿Qué grupo puede responder primero a las preguntas?*

Datos sobre famosos del mundo hispano

1967:   Gabriel García Márquez publicó 'Cien años de soledad'.

1971:   El cantante catalán Joan Manuel Serrat publicó uno de sus discos más importantes: 'Mediterráneo'.

1987:   Rigoberta Menchú trabajó como narradora de una película que se llama 'Cuando tiemblan las montañas' sobre los problemas y sufrimientos de la gente Maya.

1987:   Pedro Almodóvar (director de cine) hizo la película 'Mujeres al borde de un ataque de nervios'.

Acontecimientos importantes

1704:   Gibraltar fue colonia británica.

1958:   Se creó la Comunidad Económica Europea.

1969:   N. Armstrong llegó a la luna.

1939–1975:   Estuvo el régimen del General Franco en España

---

1 ¿Quién escribió 'Cien años de soledad'?

2 ¿En qué año fue publicado este libro, en 1958 o en 1967?

3 ¿Qué película hizo Pedro Almodóvar en 1987?

4 ¿Qué cantautor español publicó la canción 'Mediterráneo'?

5 ¿Cómo se llama la guatemalteca que defiende los derechos de la gente Maya?

6 ¿En qué película trabajó?

7 ¿En qué año fue Gibraltar británica?

8 ¿Cómo se llama el primer hombre que llegó a la luna en 1969?

9 ¿En qué año murió Franco?

10 ¿Qué acuerdo se hizo en Europa en 1958?

B *Ahora escucha a unos estudiantes responder las preguntas y marca las respuestas correctas e incorrectas.*

Preguntas	Correcta	Incorrecta
1		
2		
3		
4		
5		
6		
7		
8		
9		
10		

11 *Mira las preguntas de la Actividad 10. A ver qué equipo contesta primero a las preguntas siguientes.*

1 ¿Cuáles son los infinitivos de los verbos?

2 Una de las preguntas usa dos verbos en presente; ¿qué verbos son?

3 Tres verbos se repiten dos veces en las preguntas. ¿Cuáles son?

4 Hay tres verbos irregulares; ¿qué verbos son?

5 Hay un verbo reflexivo; ¿cuál es?

Postre

La historia de mi vida

 solo **1**

Primero mira los dibujos de la vida de Antonio y ponlos en orden. Después escucha lo que dice Antonio de su biografía y confirma el orden.

a   b   c

d   e   f

solo **2**

Escucha otra vez y escribe las fechas de cuándo ocurrieron los siguientes acontecimientos.

1 Antonio nació en _____ .

2 Fue a un colegio de niños en _____ .

3 Conoció a su mujer en _____ .

4 Fue a un colegio mixto en _____ .

5 Empezó la universidad en _____ .

6 Terminó su carrera en _____ .

The simple past (Pretérito indefinido)
Regular verbs

	tomar	beber	salir
(yo)	tomé	bebí	salí
(tú)	tomaste	bebiste	saliste
(él, ella, usted)	tomó	bebió	salió
(nosotros / as)	tomamos	bebimos	salimos
(vosotros / as)	tomasteis	bebisteis	salisteis
(ellos, ellas, ustedes)	tomaron	bebieron	salieron

¿Cuándo?
ayer
anoche
la semana pasada
el mes pasado
el 16 de agosto
en 1996

More irregular verbs

	estar	tener	venir
(yo)	estuve	tuve	vine
(tú)	estuviste	tuviste	viniste
(él, ella, usted)	estuvo	tuvo	vino
(nosotros / as)	estuvimos	tuvimos	vinimos
(vosotros / as)	estuvisteis	tuvisteis	vinisteis
(ellos, ellas, ustedes)	estuvieron	tuvieron	vinieron

Other verbs

	nacer	casarse	morir
(yo)	nací	me casé	
(tú)	naciste	te casaste	
(él, ella, usted)	nació	se casó	murió
(nosotros / as)	nacimos	nos casamos	
(vosotros / as)	nacisteis	os casasteis	
(ellos, ellas, ustedes)	nacieron	se casaron	murieron

3

Escribid la persona adecuada de este tiempo en las siguientes frases.

1 Franco (morir) _____ en 1975.

2 J. M. Serrat (nacer) _____ en 1943.

3 Yo (casarse) _____ en 2000.

4 Ellos (terminar) _____ su carrera en 2005.

5 Nosotros (empezar) _____ el curso el pasado septiembre.

6 ¿Cuándo (estar) _____ tú en Barcelona?

7 Yo (venir) _____ a Inglaterra en 1986.

8 Ellos (casarse) _____ y (tener) _____ un niño al cabo de diez años.

9 Pedro Almodóvar (hacer) _____ su película 'Hablé con ella' en 2002.

10 Pablo Neruda (escribir) _____ trabajos literarios desde muy joven y (recibir) _____ el Premio Nobel de literatura en 1971.

4

Un cuento de hadas

Aquí tenéis las diferentes partes de la historia de un 'cuento de hadas'.
¿Podéis poner las frases en el orden correcto?

A Poco después un amigo del Príncipe organizó una cena en su casa, y allí conoció a esa chica periodista, y habló con ella.

B El príncipe y la periodista escribieron la última página de su cuento de hadas cuando el 22 de Mayo del 2004 se casaron. La boda se celebró en la Catedral de la Almudena y concentró la atención de todos los españoles. El Príncipe Felipe de Asturias y Doña Leticia Ortiz Rocasolano iniciaron un nuevo capítulo de la historia de España.

C Esta chica a la que conoció en casa de su amigo, nació el 15 de septiembre en Oviedo en una familia de periodistas.

D Don Felipe inició su conquista con muchas llamadas al móvil y muchos mensajes sms y al cabo de unos meses tuvo lugar la petición de mano.

E Todo comenzó en octubre del 2002, cuando Felipe descubrió un día haciendo 'zapping' a una periodista de imagen amable y voz firme en el telediario informativo de Televisión Española.

vocabulario

el cuento de hadas: *fairy tale*

iniciaron: *they started*

al cabo de: *after*

petición de mano: *asking for someone's hand (in marriage)*

5

Contestad ahora estas preguntas. A ver qué grupo termina antes.

1 ¿Quiénes se casaron en el 2004?

2 ¿Quién es Don Felipe?

3 ¿A quién conoció en casa de un amigo?

4 ¿Dónde tuvo lugar la boda?

5 ¿Cuándo comenzó la historia?

6 ¿Cómo descubrió Felipe a su novia?

6 *Elige seis verbos del 'Cuento de Hadas' de la página 140 y escribe un párrafo corto sobre el tema que quieras que incluya todos los verbos elegidos.*

Café

Pronunciación y Ortografía

La ll

Escucha las siguientes palabras y toma nota de las que tienen el sonido de 'll' (similar a /j/).

Ahora con tu compañero/a intenta pronunciar las siguientes palabras y luego confirmad su pronunciación con el texto auditivo.

llave	llevar	pasillo	galleta	gallo
rellenar	pantalla	calle	silla	Mallorca

> ★ **Nota cultural**
>
> The 'll' is pronounced in a variety of ways in the Hispanic-speaking world. Many Spanish people pronounce it like the English 'y' as in 'you' (/j/). But you can also hear sounds which range from /j/ to /dz/ (as in the English 'just') or the Argentinian /z/ (like the English 'leisure').

3 *Escucha las siguientes palabras y escribe la letra 'l' o 'll', según corresponda.*

1 came_o   **2** _uvia   **3** Va_encia   **4** pi_ar   **5** _oco

6 servi_eta   **7** Sevi_a   **8** me_izos   **9** bote_a   **10** se_o

Tu portfolio

1 *Escribe un párrafo sobre una persona española o latinoamericana bien conocida en tu especialidad o de interés personal.*

2 *Escribe 10 frases sobre acontecimientos importantes de la historia de España o de un país hispanohablante y especifica cuándo tuvieron lugar.*

3 *Escribe tu propia autobiografía. El texto debe tener entre 150 o 200 palabras.*

4 *Busca en el Internet información sobre la boda de los Príncipes de Asturias. Busca al menos 12 palabras desconocidas y escribe su significado. Con un buscador de Web, busca otros ejemplos típicos del uso de estas palabras.*

5 *Prepara una presentación corta (máximo 3 minutos) sobre una persona española o latinoamericana famosa.*

Sobremesa cultural

Un poema de Pablo Neruda

Pablo Neruda (1904-1973) es un poeta chileno, uno de los más importantes del siglo veinte. En 1924 escribe la más famosa de sus obras, *Veinte poemas de amor y una canción desesperada*. Le siguen otras colecciones de poesía como por ejemplo *Residencia en la tierra* (1933), llena de una desesperación ante un mundo que se destruye, y *Canto general* (1950), un poema épico-social ilustrado por dos pintores mexicanos muy famosos, Diego Rivera y David Siquieros. En reconocimiento de su enorme contribución a la literatura internacional, recibió el premio Nobel en el año 1971. Fue miembro del Partido Comunista Chileno durante muchos años y es conocido por el realismo y sencillez de sus poemas.

De *Versos del capitán*

La Reina

Yo te he nombrado reina.
Hay más altas que tú, más altas.
Hay más puras que tú, más puras.
Hay más bellas que tú, hay más bellas.
Pero tú eres la reina.

Cuando vas por las calles
nadie te reconoce.
Nadie ve tu corona de cristal, nadie mira
la alfombra de oro rojo
que pisas donde pasas,
la alfombra que no existe.

Y cuando asomas,
suenan todos los ríos
en mi cuerpo, sacuden
el cielo las campanas,
y un himno llena el mundo.

Sólo tú y yo,
sólo tú y yo, amor mío,
lo escuchamos.

1 La reina means 'the queen'. Find out the Spanish for 'king'. (It is not **reino**! – but what does this mean?)

2 Note down all the examples of the comparative and translate them into English.

3 Now work out what you can of the rest of the poem.

4 Can you see why many people think of his poetry as plain or simple? (**sencillo**)

5 But is the poem realistic? (**realista**)

Repaso

Ahora ya puedes:

★ **Expresar acciones en el pasado**

★ **Expresar acciones en el presente en contraste con el pretérito indefinido**

★ **Entender información para rellenar ciertos tipos de impresos**

★ **Hablar de tu propia vida en el pasado**

★ **Entender y hablar de la vida de otros personajes famosos españoles**

Ahora haz los siguientes ejercicios y repasa el material que no entiendas antes de pasar a la Unidad 7.

1 *Une las siguientes preguntas con sus respuestas.*

1 ¿Dónde fuiste de vacaciones el año pasado?

a) Comió paella, pescado, jamón serrano y chorizo.

2 ¿Qué estudió Pedro el año pasado?

b) Me gustaron las ciudades, la gente, y la comida.

3 ¿Qué hicisteis en las vacaciones el año pasado?

c) Fui a España.

4 ¿Qué comió tu amigo en España?

d) Nací el 17 de junio.

5 ¿Dónde vivieron tus amigos el año pasado?

e) Hice Económicas.

6 ¿Cuándo naciste?

f) Estudió francés a nivel de principiante.

7 ¿Qué te gustó más de España?

g) Vivió en un piso con dos amigas.

8 ¿Cuándo empezaste a estudiar español?

h) Fuimos a la playa, a los bares, y a las discotecas.

9 ¿Qué carrera hiciste?

i) Vivieron en una casa alquilada.

10 ¿Dónde vivió Carmen el año pasado?

j) Empecé en octubre del año pasado.

2 *Ahora clasifica los verbos anteriores según el infinitivo y la persona.*

	-ar	-er	-ir	Irregulares
(yo)				
(tú)				
(él, ella, usted)				
(nosotros/as)				
(vosotros/as)				
(ellos, ellas, ustedes)				

3 *Completa el texto siguiente con el pretérito indefinido de los verbos entre paréntesis.*

Carmen Rico-Godoy (nacer) _____ en París el feliz día en que (empezar) _____ la Segunda Guerra Mundial. Carmen (ser) _____ siempre muy mala estudiante, tanto en el colegio como en la universidad. Después de muchos años de intento (terminar) _____ la carrera de Ciencias Políticas. Para sus profesores (ser) _____ una verdadera pesadilla. (Empezar) _____ a trabajar como periodista en el semanario Cambio 16. Además (colaborar) _____ en el periódico Diario 16 y en otros medios de comunicación nacional, casi siempre gratis. Su primer libro (ser) _____ "Como ser una mujer y morir en el intento".

4 *Coloca las frases siguientes en el orden correcto.*

1 me levanté / ayer / de la mañana / a las 8.00

2 a la universidad / por la mañana / fui / antes de ayer

3 de vacaciones / a Francia / fuimos / el año pasado

4 español / no estudié / el martes pasado

5 no leyó / Carmen / anoche / en la cama

6 de Manchester / muy trabajadores / los estudiantes / fueron / del año pasado

Vocabulario

Nombres	Nouns
el acontecimiento	event
la autobiografía	autobiography
el camello	camel
el campo	countryside
el cantautor	singer / songwriter
el castillo	castle
el cuento de hadas	fairy tale
el cursillo	short course
la fecha	date
la galleta	biscuit
el gallo	cockerel
la guerra	war
el impreso	form
el intento	attempt
el lugar de moda	fashionable place
la llave	key
la lluvia	rain
la matrícula	registration form
el paro	unemployment
el pasillo	corridor
el/la periodista	journalist
el plano	map
el/la principiante	beginner
el sello	stamp
la servilleta	serviette
la silla	chair
el telediario	TV news
la terraza	open air cafe, balcony

Verbos	Verbs
adaptarse	to adapt
bailar	to dance
bajar	to get down / off
cambiar	to change
casarse	to get married
coger	to catch / take
comenzar (ie)	to start
comunicar	to communicate
contar (ue)	to tell
charlar	to chat
descubrir	to discover, to find out
divertirse (ie)	to enjoy
empezar (ie)	to start
encontrar (ue)	to find
iniciar	to start
llevar	to carry

matricularse	to register for a course
mejorar	to improve
morir (ue)	to die
nacer	to be born
pasar	to happen
presentar	to present
publicar	to publish
quedar	to meet
quedarse	to stay
recibir	to receive
rellenar	to fill in
soler (ue)	to usually do something
tener lugar	to take place
terminar	to finish

Adjetivos	Adjectives
cansado/a	tired
majo/a	nice, attractive
puntual	punctual

Expresiones de tiempo	Time expressions
anteayer	the day before yesterday
al día siguiente	the following day
a tiempo	on time
anoche	last night
ayer	yesterday
el año pasado	last year
la semana pasada	last week
el lunes, martes... pasado	last Monday, Tuesday,...
el mes pasado	last month
el verano pasado	last summer
el fin de semana pasado	last weekend
el otro día	the other day
unos meses más tarde	a few months later
siempre	always
todas las noches	every night
todos los veranos	every summer
todos los días	every day
todos los meses	every month
todos los viernes	every Friday
todas las semanas	every week
todos los fines de semana	every weekend
por primera vez	for the first time
pronto	early, soon
al cabo de dos años	after two years
hace dos años	two years ago

De marcha

Guía de la unidad

Vocabulario

unidad 7 De Marcha

En esta unidad vamos a

★ **Formular, aceptar y rechazar una invitación**

★ **Acordar en quedar en un lugar y a una hora.**

★ **Describir experiencias pasadas**

★ **Pedir una comida en el restaurante**

★ **Entender un poco sobre el ritmo de salsa**

Repaso

1 En la Unidad 6 aprendimos un tiempo de verbo para hablar del pasado en momentos y fechas específicas. ¿Cuándo fue la última vez que hiciste estas cosas, y con quién?

Ejemplo: **A** ¿Cuándo fue la última vez que fuiste a nadar?

B Pues, fui a nadar ayer con una amiga a la piscina de la universidad.

> **ir a nadar   ir al teatro   ir al cine   salir a bailar   ir a una terraza
> ir a un restaurante   ir de tapas   ir a un partido de fútbol
> ir a un concierto   ir a una fiesta**

> **la semana pasada   ayer   anteayer   el mes pasado   el año pasado
> hace dos años   el lunes / martes / miércoles … pasado
> el otro día   anoche   el fin de semana pasado**

¿Cómo harías la misma pregunta a alguien que no conoces?

2 Pregunta a tu compañero/a qué hizo la semana pasada. Marca sus respuestas en la tabla y añade las necesarias.

Ejemplo: **A** ¿Qué hiciste la semana pasada?

B Fui al teatro.

148 *ciento cuarenta y ocho*

Fui al teatro.

Salí a bailar.

Comí en un restaurante.

Tomé una copa en un bar.

Me divertí en una fiesta.

Vi un partido de fútbol en la tele.

Compré entradas para un partido de fútbol.

Practiqué natación en la piscina municipal.

Jugué al fútbol para mi equipo.

Salí de compras.

. . .

. . .

Ahora cuenta a otro/a compañero/a lo que hizo la semana pasada.

3

¿Os acordáis de estos datos? Escribid frases en Pretérito Indefinido y unid la información con la fecha correcta. A ver qué grupo termina primero.

Gabriel García Márquez		en una película que se llama 'Cuando tiemblan las montañas'	en mil novecientos setenta y uno
Joan Manuel Serrat	trabajar hacer publicar	la película 'Mujeres al borde de un ataque de nervios'	en mil novecientos ochenta y siete
Rigoberta Menchú		'Cien años de soledad'	en mil novecientos ochenta y siete
Pedro Almodóvar		uno de sus discos más importantes, 'Mediterráneo'	en mil novecientos sesenta y siete

4

¿Qué sabes de estos personajes famosos?
Une a cada personaje con sus hechos pasados.

1 Cristóbal Colón   **a)** fue un dictador español. Murió en 1975.

2 Pablo Picasso   **b)** fue un pintor español. Pintó el 'Guernica'.

3 General Franco   **c)** fue un cantante inglés que fue asesinado en 1980.

4 John Lennon   **d)** fue un escritor español que recibió el Premio Nobel de literatura en 1956.

5 Juan Ramón Jiménez   **e)** descubrió América.

Aperitivo

La Guía del Ocio

The text on this page is adapted from www.guiadelocio.com

A

Cine: película: **La mala educación**. Lo nuevo de Almodóvar

B

SACHAS

Aquí se baila tanto como se come con un montadito de lomo o se refresca en su magnífica terraza. Antiguo edificio que se ha convertido en un disco bar de dos plantas, un bar de bocadillos, pinchos y montados y una estupenda terraza.

C

ROSARIO
Concierto:
En estado puro

La pequeña del 'clan Flores' adelanta en directo los temas de su próximo trabajo 'Tacatuba tavacu'.

D

cine: película: MAR ADENTRO
La lucha de Ramón Sanpedro

La cuarta película de Alejandro Amenábar está basada en un hecho real. Javier Bardem da vida al tetrapléjico Ramón Sampedro, un hombre postrado en su cama por un accidente que reivindica su derecho a una muerte digna. La irrupción de dos mujeres altera su mundo: Belén Rueda, la abogada de Ramón, y Lola Dueñas, una vecina del pueblo.

F

ALEJANDRO SANZ

El artista madrileño debutó en 1991 con 'Viviendo deprisa'. Desde entonces Sanz ha ido enlazando éxito tras éxito. Su cuarto álbum, 'Más', le dio éxito mundial. Con el siguiente, 'El alma al aire', conseguiría 4 Grammys latinos. Lo último, 'No es lo mismo', le ha valido el Grammy americano al 'mejor álbum pop latino'. El martes 14 y el jueves 16 en la Pl. de Toros de Las Ventas.

E

EL VIAJERO
Restaurante, salón de copas y terraza en la azotea

Mítico edificio en la zona de La Latina en el que se distribuyen por plantas restaurante, salón de copas y terraza en la azotea. También sacan mesas a la puerta de la calle en las que se pueden comer tapas, canapés o pizzas. La azotea tiene una barra con aire de chiringuito playero y un ambiente tranquilo y apropiado para la conversación.

1 en pareja

Primero mira estos anuncios de la Guía del Ocio de Madrid con un(a) compañero/a. Luego contestad estas preguntas.

1 ¿Dónde os gusta salir a vosotros/as por la noche?

2 ¿Hasta qué hora salís por la noche normalmente?

3 ¿A qué hora cierran los lugares de marcha en vuestra ciudad? ¿Y en Madrid?

4 ¿Dónde puedes tomar algo de comer en tu ciudad a la madrugada? ¿Y un café?

5 ¿Vas mucho al teatro? ¿Y al cine?

6 Elige un lugar:

- para ir de copas
- para bailar
- para ir a un concierto
- para ver una película
- para comer un bocadillo.

vocabulario

la azotea: *roof*

el bocadillo: *baguette / crusty sandwich*

la canción: *song*

la exposición: *exhibition*

ir de copas: *to go out for a drink*

la madrugada: *early morning*

el montadito de lomo: *beef / pork baguette*

los lugares de marcha: *lively places of entertainment*

la película: *film*

2  solo

Ahora escucha y relaciona lo que dicen estas personas con los anuncios de la Guía del Ocio.

Persona	Anuncio
1	
2	
3	
4	
5	

vocabulario

apetecer: *to feel like doing something*

encantar: *to love doing something*

Both these verbs work like 'gustar' (Unidad 4).

Me encanta bailar.
Me apetece ir a bailar.

3  en pareja

Escucha otra vez a la tercera persona; ¿qué dice para invitar a su amigo a salir? Practica esta expresión tú mismo.

Ejemplo: **A** ¿Te apetece tomar una copa? / ir a un museo? / salir de marcha?

B Sí, me apetece mucho. / No, prefiero quedarme en casa.

Vuelve a mirar los anuncios de la primera actividad para más ideas.

Primer plato

¿Qué te apetece hacer esta noche?

A *Escucha los planes de Alicia y Begoña. ¿Dónde van a ir esta noche?*

al cine ❑   a una terraza ❑   a un bar ❑   a un concierto ❑

Alicia	¿Qué vas a hacer esta noche?
Begoña	No tengo planes. ¿Te apetece salir?
Alicia	Sí, ayer estudié todo el día, y la verdad es que me apetece mucho salir.
Begoña	Vamos a ver qué hay en la Guía del Ocio. Parece que hay dos películas buenas en el cine. Podemos ir al cine. También hay algunos conciertos. ¿Qué te parece?
Alicia	¿Qué echan en el cine?
Begoña	'La mala educación' y 'Mar adentro'.
Alicia	Podemos ir mañana al cine. ¿Hay algún concierto esta noche?
Begoña	Vamos a ver . . . sí, mira, hoy jueves hay un concierto de Alejandro Sanz en la Plaza de Toros de las Ventas.
Alicia	Pues, casi prefiero una noche más tranquila, en una terraza o un café, y si acaso podemos cenar algo luego en un restaurante.
Begoña	Vale. Tengo el sitio ideal. Hay una terraza muy maja en la zona de la Latina donde podemos tomar una copa o un cafecito en la azotea y luego si nos apetece podemos cenar en la planta baja del mismo sitio.
Alicia	Perfecto. ¿Llamamos a Mario y a Robert?
Begoña	Sí, y también podemos preguntar a Víctor si quiere venir.
Alicia	Muy bien. Mándales un mensaje por el móvil para quedar.

B *Ahora lee el diálogo y contesta las preguntas.*

1 ¿Por qué quiere Alicia salir?

2 ¿Qué opciones tienen en la Guía del Ocio para esta noche?

3 ¿Qué películas echan en el cine?

4 ¿Qué sugiere Begoña?

5 ¿Por qué no van al concierto?

6 ¿Cómo van a contactar a Mario, a Robert y a Víctor?

vocabulario

echar en el cine: *to show*

si acaso: *maybe*

quedar: *to arrange; to meet*

majo/a: *nice*

la terraza: *open-air cafe / bar*

 **2** Mira estos mensajes de móviles y une cada pregunta (1–4) con su respuesta correspondiente (A–D).

1 ☐

¿Quieres ir a una terraza esta noche?

2 ☐

¿Te apetece ver la película de Almodóvar esta noche?

3 ☐

¿Te gustaría ir a la exposición de arte esta noche?

4 ☐

¿Qué quieres hacer esta noche?
¿Te apetece ir a un concierto?

A

Sí, buena idea, ¿de qué es?

B

Sí, vale, pero ¿quién canta?

C

Buena idea, ¿tiene música?

D

Lo siento, vi esa película la semana pasada.

 **3** Lee ahora el mensaje del móvil de Begoña y las respuestas de Mario, Robert y Víctor.

Mensaje de Begoña

Respuestas de los móviles

¿Quieres salir a una terraza esta noche?

A No puedo. Tengo que ir al trabajo. Llámame. Besos

B Vale. Dime dónde y a qué hora. Llámame. XXX

C ¿Tiene música? Llámame luego. Voy a clase. Besos

A Relaciona las respuestas de Mario, Robert y Víctor con sus equivalentes en 'lenguaje de texto'.

a) tien musik? yama. voy a clas ☐ ☐

b) No. tngo k ir al trbjo. yamam.bss ☐ ☐

c) Si. dm dond. y ora. yamam. xxx ☐ ☐

B Ahora escucha las conversaciones por teléfono y relaciona los mensajes de texto de los móviles con las conversaciones equivalentes. Escribe el número de la conversación al lado de cada mensaje.

4 ¿Te gustaría? ¿Te apetece? ¿Quieres?

A *Pregunta a un compañero/a usando estos verbos:*

¿Te gustaría . . . ?   ¿Te apetece . . . ?   ¿Quieres . . . ?

> salir esta noche   tomar unas tapas   cenar   tomar unas copas
>
> bailar y escuchar música   ver una película española
>
> charlar y tomar algo   tomar algo
>
> escuchar a un grupo musical   ir al teatro

> con unos amigos
> en el barrio de la Latina
> en las terrazas del Paseo de la Castellana
> en Alonso Martínez
> en la plaza de las Ventas
> por el barrio de Chamberí

Ejemplo: **A** ¿Te apetece salir esta noche con unos amigos?

B Sí, me gustaría mucho salir esta noche por Chamberí. / Sí, me apetece tomar unas copas con Víctor y Begoña.

B *Ahora ordena la conversación por teléfono entre Begoña y Víctor*

a **Begoña** En la planta de copas de la Cafetería 'El viajero' sobre las 9.00.
b **Víctor** Me gustaría, ¿Qué vais a hacer?
c **Begoña** Sí, hay dos. Estamos pensando en cenar algo después.
d **Begoña** Estamos pensando en ir a una terraza.
e **Víctor** ¿Conocéis una con música fuera?
f **Begoña** Hola, ¿qué tal? ¿Puedes hablar o estas ocupado?
g **Víctor** Vale, nos vemos allí a las 9.00.
h **Víctor** Vale, me apunto. ¿A qué hora quedamos?
i **Víctor** No, estoy en la universidad, pero puedo hablar, voy a mi clase ahora.
j **Begoña** ¿Te apetece venir con nosotros esta noche?

5 Ahora invita a un(a) compañero/a a salir contigo. Tu compañero/a puede aceptar o rechazar después. Mira el ejemplo en la página 155.

Ejemplo:

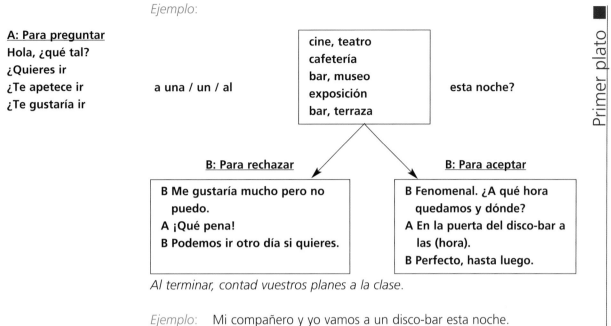

A: Para preguntar
Hola, ¿qué tal?
¿Quieres ir
¿Te apetece ir
¿Te gustaría ir

a una / un / al

cine, teatro
cafetería
bar, museo
exposición
bar, terraza

esta noche?

B: Para rechazar

B Me gustaría mucho pero no
   puedo.
A ¡Qué pena!
B Podemos ir otro día si quieres.

B: Para aceptar

B Fenomenal. ¿A qué hora
   quedamos y dónde?
A En la puerta del disco-bar a
   las (hora).
B Perfecto, hasta luego.

Al terminar, contad vuestros planes a la clase.

Ejemplo: Mi compañero y yo vamos a un disco-bar esta noche.
              Quedamos a las diez en la puerta.

Laboratorio de lengua

¿Qué verbos conoces para invitar a un amigo a salir? Mira las actividades anteriores. ¿Cómo funcionan?

Presente: **verbo** *apetecer* (to fancy / feel like)
Condicional: **verbo** *gustar* + *ía* (would like)

A mí	**me**		salir esta noche.
A ti	**te**		comer fuera en un restaurante.
A él		+ apetec**e(n)**	ir a una terraza.
A usted	**le**		ver una película de Almodóvar.
A ella			ir de copas.
A nosotros/as	**nos**	+ gustar**ía(n)**	una tapita en una terraza.
A vosotros/as	**os**		una copita en el bar.
A ellos, a ellas	**les**		unas tapas en el bar de abajo.
A ustedes			unas copas en el disco-bar de ayer.

6 *Escribe el pronombre correcto en cada frase.*

1 Hay una obra de teatro muy buena. ¿Tienes planes este fin de semana?
¿____ gustaría ir al teatro el sábado?

2 A nosotros ____ apetece más quedarnos en casa. Hay una película muy buena en la tele.

3 Podemos tomar un aperitivo primero y luego vamos a cenar. A María y a Juan ____ apetece ir al restaurante argentino.
¿A vosotros qué ____ apetece más, un restaurante argentino o mexicano?
A nosotros ____ gustan los dos.
Bueno, pues vamos al argentino.

4 A nosotros ____ gusta mucho la comida argentina. Tienen unas carnes muy buenas.
A mí también ____ gusta, sobre todo el lugar y la música.

7 **No puedo, tengo que ...**
Relaciona las expresiones en español y en inglés.

1 Tengo que estudiar.

2 No puedo, voy a jugar al billar.

3 No puedo, tengo que ir a clase.

4 Me gustaría, pero no puedo.

a) I can't, I have to go to my class.

b) I've got to study.

c) I would like to, but I can't.

d) I can't, I'm going to play pool.

8 *Escucha ahora estas llamadas de móvil y marca la respuesta correcta.*

1 a) está en clase   **b)** va a entrar a clase   **c)** tiene que entrar

2 a) están en el cine   **b)** van a ver una película   **c)** tienen que ver una película

3 a) está en el trabajo   **b)** va a trabajar   **c)** tiene que trabajar

9 *Mira las siguientes invitaciones y excusas y túrnate con tu compañero/a para preguntar y rechazar una invitación.*

Ejemplo: **A**   ¿Quieres jugar al billar esta noche?

             B   Me gustaría mucho, pero no puedo, tengo que / voy a: estudiar / hacer ... / escribir ...

Invitaciones	Excusas
jugar al billar	estudiar
ir a un concierto de rock	hacer la compra
ir a bailar	no tener dinero – ver la televisión
ir al cine	trabajar

cenar fuera	ir al teatro
ir a una fiesta	comer con la familia
salir de copas	quedarme en casa
ver el partido de fútbol	coger el tren

10 Dos amigos te invitan a salir mañana por la noche. Escribe dos mensajes: uno aceptando la invitación y quedando a una hora y en un lugar; otro rechazando la invitación y diciendo por qué no puedes ir.

11 Escucha qué hacen estas personas o qué suelen hacer los viernes por la noche, y completa la tabla.

	1 un estudiante	2 una chica	3 un camarero	4 un señor mayor	5 una madre	6 un médico	7 una pareja
a go out dancing							
b go out for a meal							
c stay in							
d prepare the family meal							
e work till very late							
f meet up with friends							

12 Ahora relaciona las frases en inglés con las equivalentes en español.

1 I usually come to university by bus.

2 My teacher usually uses slides in her lectures.

3 The professor usually arrives very early at the university.

4 I usually hand in my work on time.

5 Students usually go out till very late at night.

a) El catedrático suele llegar muy pronto a la universidad.

b) Suelo entregar mi trabajo a tiempo.

c) Los estudiantes suelen salir por la noche hasta muy tarde.

d) Mi profesora suele usar diapositivas en sus conferencias.

e) Suelo venir a la universidad en autobús.

13

Habla con tu compañero/a sobre las acciones que hacéis habitualmente en vuestro tiempo libre usando la estructura **soler** + **infinitivo**. Después informas a la clase.

Ejemplo: **A** ¿Qué sueles hacer los viernes por la noche?

B Suelo salir con mis amigos. ¿Y tú?

A Pues yo suelo ir al cine.

A Los viernes por la noche mi amigo/a suele salir con los amigos.

The verb *soler (ue)* means 'to usually do'. It is used to talk about habitual actions, and it is followed by the infinitive.

suelo		ir a la universidad
sueles		ir al trabajo
suele	+	estudiar español
solemos		salir con amigos
soléis		matricularme
suelen		hablar con mis padres
		ir de vacaciones a España
		acostarme pronto

14

Mira los mensajes que Begoña mandó y recibió el día después de ir al restaurante.

Me gustaron la comida y el restaurante, pasé una noche fantástica. Gracias. Besitos. Víctor

Estuvo muy bien. Fue una buena idea ir allí. Me gustó para conversar. Podemos repetir. Besos. Alicia

¡Qué lugar tan lindo! Me gustaron los diferentes ambientes en cada piso, es algo muy original. Me apunto para ir allá otra vez. Abrazos, Mario

Claro que me gustó. ¿Quedamos a la misma hora y en el mismo lugar la semana próxima? Me gustaron las copas y también el edificio. Robert XX

¿Os gustó la terraza? Estuvo bien ¿verdad? Podemos repetir la semana que viene. Besotes Begoña

Une las personas con sus gustos.

1 A Alicia le gustó

2 A Robert le gustaron

3 A Víctor le gustaron

4 A Begoña le gustó

5 A Mario le gustaron

6 A todos les gustó

a) el lugar.

b) la comida y el restaurante.

c) el lugar para conversar.

d) los ambientes diferentes en cada piso.

e) la terraza.

f) el edificio y las copas.

Segundo plato

¿Vamos a cenar fuera?

1 *Estas comidas son típicas de diferentes partes de España y de Latino América. ¿Sabéis qué son? ¿Cómo se llaman? Practica con tu compañero/a.*

Ejemplo: **A**   ¿Qué es el número 1?

   B   Yo creo que es jugo de frutas.

   A   Sí, es zumo de frutas. / No, no es, yo creo que es . . .

1

2

3

4

5

6

7

8

9

10

11

ensaladas ❏   zumo / jugo ❏   gazpacho ❏   carne ❏
vinos tintos y blancos ❏   mariscos ❏   empanadas ❏
fruta ❏   paella ❏   flan ❏   fajitas ❏

2 ¿En qué restaurante os gustaría cenar? ¿Por qué?

A

LA HACIENDA DE CUBA
Dirección: General Yagüe, 6 bis.
Zona: Tetuán.
Metro: Nuevos Ministerios.
Tfn: 91 555 64 00.
Tipo de cocina: Cubana.
Especialidad: Cebiche y ropa vieja.
Descripción:
Cocina, cócteles y música caribeña y salsa. Ambientación cubana de calidad junto a la Castellana, Sugestivo menú de lunes a viernes por unos 13 euros y una original carta inspirada en el universo del Caribe con ensaladas, mariscos, frutas y hortalizas exóticas. Oportuna oferta de jugos naturales y al momento, durante las cenas de viernes y sábados hay música en vivo: jazz latino, sones, danzones y melodías yucatecas
Precio: de 25 a 35 €.
Terraza: Sí
Abierto Domingo: Sí.
Cerr. Dom. noches.
Aparcacoches fines de semana noches.

B

LA VACA ARGENTINA
Dirección: Numancia, 5.
Zona: Tetuán. Metro: Francos Rodríguez. Tfn: 91 313 54 88.
Tipo de cocina: Argentina.
Especialidad: Carnes a la brasa.
Precio medio: de 25 a 35 €.
Cortes de carne clásicos

C

LA TASCA
Dirección: Santa Engracia, 61.
Zona: Tetuán. Metro: Cuatro Caminos. Tfn: 91 535 46 36, 91 536 48 47 y 91 446 77 78.
Tipo de cocina: Española
Especialidades: Tapas y comidas: Paella, gazpacho, tortilla española, chorizo, jamón serrano, patatas bravas, ensaladilla
Precio medio: 35 €.

D

CARTA MARINA
Dirección: Padre Damián, 40.   Tfn: 91 458 68 26 / 91 457 00 29.
Zona: Tetuán. Metro: Cuzco.
Tipo de cocina: Gallega.
Especialidad: Pescados y sopa de mariscos
Descripción: Los pescados y mariscos de Galicia.
Su carta se fundamenta en los pescados y mariscos de la costa cántabra gallega que llegan al restaurante todos los días y se convierten aquí, en arroz con bogavante, lubina a la sal, rodaballo al horno o tradicionales empanadas. Especialidad, sopa de mariscos. La filloa es, por popular, uno de los postres más solicitados. Su bodega cuenta con denominaciones de toda España y con 160 referencias en tintos y más de 40 en blancos. Días de cierre: Domingo. Precio: más de 50 €.
Terraza: Sí Cerr. Dom. Aparcacoches. Terraza cubierta

E

MEXICO LINDO
Dirección: Plaza REPUBLICA DEL ECUADOR 4, MADRID
Teléfono: 91 457 47 58
Zona: Chamartín
Especialidades: Fajitas, tacos.
Precio medio carta: Entre 12 y 24 Euros

Ejemplo: **A** A mí me gustaría cenar en 'La Hacienda de Cuba' porque hay salsa y la comida es exótica.

B Yo prefiero 'México Lindo' porque es más barato y me gustan las fajitas.

solo **3**

Lee los mensajes de móvil de estas personas ¿En qué restaurante están?

Mensajes	Restaurantes
1 Ven rápido estamos escuchando música caribeña.	
2 Date prisa ya están sirviendo la sopa de marisco.	
3 Te estamos esperando. Bájate en Cuatro Caminos.	
4 Date prisa, ya te estoy pidiendo las fajitas.	
5 Ven rápido estamos empezando a comer la carne.	
6 Ven rápido la paella se está terminando.	

Laboratorio de lengua

Look back at the previous exercise and note how Spanish uses a similar structure to the English: 'we are listening to music'; 'we are waiting for you', etc. This it how it works.

Presente continuo: *estar + gerundio* (to be doing something)

(yo)	estoy		*Estoy pidiendo fajitas.*
(tú)	estás	+ verb ending –AR adds **-ando**	*Estás entrando en clase.*
(él, ella, usted)	está	+ verb ending –ER adds **-iendo**	*Está terminando.*
(nosotros/as)	estamos	+ verb ending -IR adds **-iendo**	*Estamos empezando.*
(vosotros/as)	estáis		*Estáis pidiendo el postre.*
(ellos/as/ustedes)	están		*Están sirviendo la paella.*

This tense is used when the action is happening at this very moment.

 **4** Escucha lo que quieren estos amigos y decide qué restaurante es el mejor para ellos.

	A LA HACIENDA DE CUBA	B LA VACA ARGENTINA	C LA TASCA	D CARTA MARINA	E MEXICO LINDO
1					
2					
3					
4					
5					
6					
7					
8					
9					
10					

 **5** Estudia los tres menús, y después escucha las conversaciones. ¿A qué restaurante va cada grupo de personas? Marca en la tabla cada plato que piden y toma nota de las bebidas también. Tendrás que escuchar más de una vez.

Restaurante Argentino

Entrantes	Euros €
1-Empanada criolla	**5.30€**
2-Setas de temporada	**6.50€**
3-Chorizos fritos	**5.00€**

Ensaladas

1-Cesar	6.00€
2-De la Granja	4.00€
3-Mixta	4.50€

Carnes y Aves
Carnes rojas de novillo:

1-Lomo con verduras a la parrilla	**16.50€**
2-Solomillo a la pimienta	**19.50€**
3-Pollo al Rincón	**14.50€**
Cubierto. . . . . .2€	
Servicio. 10%	

Restaurante Casa Paco

De primeros:

1-Ensalada mixta	**5.50€**
2-Sopa del día o consomé	**5.20€**
3-Gazpacho	**5.25€**
4-Gambas al ajillo	**10.65€**

De segundos:

1-Merluza en salsa verde	**11.25€**
2-Chuletas de cordero	**12.30€**
3-Pollo al ajillo	**10.00€**

Restaurante La terraza

Entradas

1-Melón con jamón	**6.50€**
2-Surtido de Ibéricos	**9.00€**
3-Cóctel de marisco	**12.50€**

Pastas, sopas y verduras

1-Espaguetis boloñesa	**8.50€**
2-Gazpacho	**4.00€**
3-Guisantes con jamón	**5.00€**

Pescados, carnes y aves

1-Pez espada	**15.50€**
2-Trucha con jamón	**11.50€**
3-Paella (para dos)	**18.00€**
4-Chuletas de cerdo	**8.00€**
5-Bistec a la parrilla	**16.50€**

	Restaurante	De primero	De segundo	De beber
1 Alicia y Víctor				
2 Víctor y sus padres				
3 Padres de Begoña				

★ Nota cultural

Las salidas nocturnas de los españoles

Los españoles tienen la costumbre de salir de noche, no sólo hasta las doce, sino hasta las tantas de la madrugada. Además, los españoles suelen ir de marcha entre semana tanto como los fines de semana.

Los bares suelen abrir desde por la mañana hasta la madrugada, porque los españoles salen a desayunar y a tomar aperitivos al mediodía. Luego quedan con los amigos para ir de tapas por las noches seguido de unas copas. Entonces es cuando salen a un disco-bar a charlar, a comer, a beber, a bailar y a conocer a gente nueva, o lo que se conoce con el verbo 'ligar'. Después de cerrar los bares de copas también es muy típico ir a desayunar chocolate con churros a un bar local. Es un momento en el que tienes hambre después de pasar toda la noche bailando sin parar, y mientras comes, sueles charlar tranquilo y quedar para la próxima salida nocturna.

6

A *Mira estos verbos y clasifícalos en la tabla de abajo según correspondan.*

> **nos trae   va a comer   le pongo   tráiganos   vamos a cenar
> póngame   les traigo   van a tomar   me recomienda   van a pedir
> le recomiendo   me puede traer   voy a tomar**

	Ir a + Infinitive	Imperative	me/te/le/nos/os/les + verb
pedir			
recomendar			
comer			
tomar			
traer			
cenar			
poner			

B *Después escucha las tres conversaciones otra vez, y fíjate cómo se usan los verbos.*

7

*Estudia los ejemplos de abajo y elabora una regla para el lugar de los pronombres de Objeto Indirecto (**me**, **te**, **le**, **nos**, **os**, **les**).*

1 Tráiga**me** la cuenta, por favor.

2 ¿**Les** traigo las bebidas?

3 **Les** voy a traer el menú.

4 Tráiga**nos** dos botellas de vino, por favor.

5 Voy a traer**les** las bebidas primero.

6 Estoy pidiéndo**te** la bebida.

Indirect object pronouns (me, te, le, nos, os, les)

Look at these examples:

El camarero	trae la comida	a mí.			**me** trae la comida.
		a ti.			**te** trae la comida.
		a él, a ella, a usted.			**le** trae la comida.
		a nosotros/as.	El camarero		**nos** trae la comida.
		a vosotros/as.			**os** trae la comida.
		a ellos/as, a ustedes.			**les** trae la comida.

The indirect object answers the question 'to whom?' or 'for whom?' the action of the verb is performed.

The examples in this unit show how these pronouns can go in front of the verb:

*¿**Me** puede traer pan?*   ***Nos** trae la carta.*

***Te** mando un mensaje.*   ***Os** pongo una copa.*

***Le** recomiendo . . .*   ***Les** traigo . . .*

When there is a verb in the form of the Imperative (a command), Infinitive (ending in -**ar**, -**er**, -**ir**) or Gerund (ending in **-ando**, **-iendo**), the pronouns can be placed at the end of the verb.

Imperative	Infinitive	Gerund
<u>Tráiga</u>**nos** la carta por favor.	*¿**Nos** puede <u>traer</u> la carta?*	**Te** estoy <u>pidiendo</u> la bebida.
	*¿Puede <u>traer</u>**nos** la carta?*	Estoy <u>pidiéndo</u>**te** la bebida.

8 ¿Y de postre? ¿Van a tomar café?

Mira el menú de los postres y escucha lo que van a tomar Víctor y Alicia. Completa la tabla.

Postres		**Cafés**	
1 Flan de la casa	4.00€	Expreso	1.00€
2 Fruta del tiempo	3.50€	Café con leche	1.50€
3 Tarta de manzana	4.00€	Café cortado	
4 Natillas	4.25€	Café irlandés	3.00€
5 Crema catalana	5.00€		
6 Helados variados	3.20€		

	Víctor	Alicia
postre		
café		

 **9** ¿Qué grupo puede poner primero en orden este diálogo?

Víctor lleva a sus padres a cenar fuera

1 Padre	A mí me apetece un jamón con melón, por favor.
2 Padre	¿A ti te apetece comer una paella conmigo, Víctor?
3 Padre	¿Pedimos una jarra de agua, vino, cerveza y casera para todos?
4 Padre	Hola, buenas noches, ¿tiene una mesa para tres?
5 Padre	¿Nos trae la carta por favor?
6 Padre	Pues, entonces de segundo una paella para dos por favor.
7 Madre y Víctor	Sí, sí, vale, un poco de todo.
8 Madre	Pues yo voy a tomar un cóctel de marisco.
9 Madre	De segundo plato quiero unos espaguetis boloñesa por favor.
10 Víctor	Para mí un surtido ibérico, que me apetece mucho comer jamón.
11 Víctor	Vale.
12 Camarero	Enseguida les traigo las bebidas.
13 Camarero	Sí, aquí mismo, al lado de la ventana hay una.
14 Camarero	Bien, ¿y de segundo plato qué quieren los señores?
15 Camarero	Muy bien. ¿Y de beber, qué van a tomar?
16 Camarero	Hola, buenas noches, señores.
17 Camarero	Aquí tienen la carta. ¿Qué van a tomar de primero?

10 Ahora en grupos de 4 podéis practicar el diálogo anterior.

11 Escucha las frases y únelas con su imagen.

A ☐

B ☐

C ☐

D ☐

E ☐

F ☐

12 ¿Qué frases dicen? Forma frases correctas.

1 ¡Qué bueno	**a)** más malo!
2 ¡Qué mala	**b)** está el pollo al ajillo!
3 ¡Qué rico	**c)** está el vino con casera!
4 ¡Qué vino	**d)** está la merluza en salsa verde!

Ahora practica con tu compañero/a estas expresiones sobre los platos de los menús de la Actividad 5.

★ Nota cultural

Las Tapas

Los españoles tienen la costumbre de salir a 'picar' entre las comidas, es decir, suelen salir a tomar 'el aperitivo' o 'la tapita' entre el desayuno y la comida del mediodía, a primera hora de la tarde, y también antes de la cena.

Salir de tapas (**el tapeo**), es algo sociable e informal que supone charlar con los amigos o compañeros de trabajo mientras se toma un vino, (la mayoría de las veces de pie en la barra de un bar), y éste casi siempre va acompañado de un 'pincho' o un 'bocado'.

TAPAS VARIADAS
Calamares a la romana	4 €
Patatas bravas	3 €
Albóndigas	4 €
Boquerones	3 €
Jamón Serrano	5 €
Ensaladilla rusa	2.5 €

Postre

La salsa y su ritmo

1 *Lee y une las preguntas y respuestas de la entrevista sobre 'la salsa'.
Después escucha la entrevista para confirmar tus respuestas.*

1 ¿Qué significa la palabra 'salsa'?

2 ¿De dónde viene la salsa?

3 ¿Cuántos tipos de salsa hay? ¿Qué diferencia hay entre las diferentes salsas?

a) Hay muchos tipos de salsa como la salsa dura, salsa romántica, salsa política, y salsa rap. Musicalmente, los cinco principales tipos de salsa son salsa cubana, salsa de Nueva York, salsa de Puerto Rico, Colombia y Venezuela. La salsa Cubana es más tradicional y más improvisada. La salsa de Nueva York es mas controlada, mecánica y agresiva.

b) La palabra salsa es un término genérico que <u>fue</u> usado por primera vez durante los 60 para describir los ritmos latinoamericanos como el mambo, el cha-cha-chá, y la rumba.

c) La salsa es una mezcla de ritmos y melodías africanas y europeas que <u>tuvo</u> su origen en la isla de Cuba. Otros países latinoamericanos como Colombia, Puerto Rico y Venezuela también tienen su propio estilo de salsa.

2 *Mira otra vez los anuncios de la Guía del Ocio en la página 150 decide en qué lugar bailan o tocan salsa.*

★ **Nota cultural**

Salsa originated in Cuba but then spread to NY with the influx of Cuban and other Latin American immigrants to the city. There it fused with other musical styles and has now spread throughout the world. With its social, political and religious content, salsa has been a vehicle of expression for Latin Americans both in Latin America and abroad. However, Latinos and non Latinos alike cannot resist singing and dancing to its captivating melodies, funky bass lines and African percussion.

Café

Pronunciación y Ortografía
El acento español (II)

1 *Escucha y subraya la sílaba más fuerte.*

> carne   pollo   plato   tenedor   terraza   copa
> concierto   salsa   helado   postre   segundo   tomate
> baile   comida   gustar   pedir   traer   almorzar
> comer   desayunar   filete   patatas   guisantes   ajillo   vino
> llevan   reloj   universidad

¿Puedes deducir qué modelo siguen?

2 *Clasifica las palabras anteriores en las casillas correspondientes.*

A) Words ending in a vowel (a, e, i, o, u) or –n or –s	B) Words ending in a consonant except –n or –s
pollo	
	almorzar

Tu portfolio

1 *Pregunta a un(a) amigo/a sobre una noche de la semana pasada y toma nota de los detalles.*

lo que hizo

dónde fue

qué cenó

con quién fue

si le gustó

Ahora tu amigo/a te pregunta lo mismo, sobre una noche de la semana pasada, y tú hablas sobre: lo que hiciste; dónde fuiste; qué cenaste; con quién fuiste; si te gustó.

Después escribe sobre la noche de tu amigo/a y tu noche.

2 *Pregunta a 5 estudiantes: ¿Qué suelen hacer cuando salen? Toma nota en la tabla.*

Nombre	Sale a ver una película	Toma una copa en una cafetería	Va a un disco-bar	Va a una exposición	Va al fútbol	Le apetece más quedarse en casa viendo la tele	Otras actividades

Escribe un resumen de las actividades que suelen hacer (dónde, cómo, cuándo, etc. . .)

3

1 *Con otro estudiante buscad diferentes restaurantes españoles o hispanoamericanos en la red de Internet.*

2 *Elegid un menú de estos restaurantes.*

3 *Escribid un diálogo pidiendo una comida (primer plato, segundo plato) y postre en relación al menú elegido.*

4 *Practica el diálogo con un(a) compañero/a.*

4 *Con otro estudiante tenéis que hacer / preparar una comida diferente para cada día. Escribid la comida que vais a hacer cada día y buscad en el diccionario lo que tenéis que comprar (un producto).*
Después exponed lo que vais a hacer en la clase.

	Vamos a + comer	Tenemos que + comprar
el lunes		
el martes		
el miércoles		
el jueves		
el viernes		
el sábado		
el domingo		

5 *Busca una receta española sencilla que te guste, y después tradúcela a inglés. ¿Por qué no la haces y dices cómo te ha salido?*

6 *Busca a un nativo español y pregúntale lo que desayuna, come y cena. Escríbelo en forma de párrafo.*

Sobremesa cultural

Películas españolas

1 *Lee las sinopsis de estas dos películas españolas.*

Festival de Cine Español de Málaga

A Rencor

Chelo es una cantante que actúa en restaurantes baratos y hoteles de playa. Mientras canta su repertorio (Mediterráneo, Caramba carambita, Bambola) en una pizzería de un pueblo turístico de la costa valenciana, se encuentra con Toni, un pequeño delincuente que ya conoce de otros años. Toni despierta en Chelo recuerdos de un pasado difícil y triste. Ella decide arruinar la vida a este hombre; Toni pierde su trabajo, su novia, sus amigos, su hijo. Toma una serie de decisiones que provocan un final sorprendente e inesperado.

B Al Sur de Granada

Gerald Brenan, un joven idealista inglés de noble familia, llega en los años veinte a un pueblo pequeño de la Alpujarra granadina. Allí, alquila la casa del cacique y contrata a María, la amante y criada de éste. La tranquilidad que busca, se ve alterada pronto por una serie de acontecimientos que comienzan a tener lugar con su presencia.
Sus amigos ingleses le visitan y al mismo tiempo conoce a Juliana, una atractiva y sensual muchacha que le gusta inmediatamente. Con la ayuda de Paco, su amigo y compinche en la aldea, prepara un plan para conseguirla. Pero no es tarea fácil ya que tiene que aprender las "extrañas" costumbres del pueblo.

2 *Ahora marca si las siguientes frases son verdaderas o falsas.*

1 Chelo es una cantante que actúa en restaurantes baratos.

2 Mediterráneo, Caramba y Bambola son pizzas.

3 A Chelo no le gusta Toni.

4 Al final de la película Toni pierde todo.

5 Gerald Brenan tiene veinte años en la película.

6 A Gerald Brenan le gustan María y Juliana.

7 María es la amante del cacique.

8 Paco ayuda a Gerald para conseguir a Juliana.

9 Gerald busca la tranquilidad en Granada.

10 El pueblo tiene costumbres extrañas.

3

Intenta describir una de estas dos películas usando el Pretérito Indefinido.

Repaso

Ahora sabes:

⭐ *Preguntar, aceptar o rechazar una invitación*

⭐ *Quedar en un lugar y a una hora*

⭐ *Expresar gustos en el pasado*

⭐ *Pedir una comida en el restaurante*

⭐ *Un poco sobre la salsa*

1

En grupos de tres, leed las preguntas y contestad dentro de un tiempo límite dado por el/la profesor(a).

1 ¿Cómo invitáis a un amigo a salir?

2 Mencionad 5 comidas hispánicas.

3 Dad 2 expresiones positivas sobre una comida.

4 ¿Cómo pedís la cuenta al camarero?

5 ¿Podéis pedir una recomendación del menú?

6 Fuisteis a un disco-bar el fin de semana pasado. ¿Podéis mencionar vuestros gustos sobre cinco cosas de este lugar?

2

*Usa el Presente continuo (**estar + -ando / -iendo**) con el verbo en paréntesis según corresponda.*

1 ¿Está Ana? No puede hablar ahora, (ducharse) _____ .

2 ¿Qué estáis haciendo? (estudiar) _____ .

3 ¿Te apetece ver una película en el cine? No puedo, (trabajar) _____ en este momento.

4 ¿Queréis venir a casa ahora? No podemos, (comer) _____ .

5 ¿Estáis en el restaurante? Sí, te (esperar) _____ .

 3

En grupos pensad en todas las palabras posibles de esta unidad que pertenezcan a las categorías siguientes.

Lugares para salir	Comidas / platos	Verbos que se usan de un menú en el restaurante

Vocabulario

Nombres	Nouns
la actuación	show
el ambiente	atmosphere
la azotea	roof
la bebida	drink
la bodega	cellar, bar
la canción	song
el/la cantante	singer
la clase media	middle class
el concierto	concert
la consumición	drink
el derecho	the right
el edificio	building
la entrada	entrance
el/la escritor(a)	writer
la especialidad	speciality
el espectador	spectator
la exposición	exhibition
la guía	guide
el guión	script
el hecho	fact
la historia	story / history
el lugar	place
la madrugada	early morning
el móvil	mobile phone
la muerte	death
el museo	museum
la música	music
el/la narrador(a)	narrator
el ocio	leisure
el partido	match
la película	film
el periódico	newspaper
el/la pintor(a)	painter
la puntualidad	punctuality
la revista	magazine
el sabor	taste, flavour
el sitio	place
el teatro	theatre
la terraza	terrace café
el trabajo	job
la tradición	tradition
el/la vecino/a	neighbour
la vida	life

Adjetivos	Adjectives
atrevido/a	daring
colombiano/a	Colombian
cubierto/a	covered
culinario/a	culinary
dictador(a)	dictatorial
flexible	flexible
gallego/a	Galician
majo/a	nice, attractive
marinero/a	related to the sea
relajado/a	relaxed
tinto	red (wine)
blanco/a	white (wine)

Expresiones útiles	Useful expressions
¡Que aproveche!	Enjoy your meal!
¡Qué bueno!	How good!
¡Qué rico!	How nice!
¡Qué asco!	How awful!
¡Qué horrible!	How horrible!
el cuento de hadas	fairy tale
ir de tapas	to go out for something to eat
ir / salir de copas	to go out for a drink
ir de marcha	to go out to have fun
movida madrileña	80s atmosphere of enjoyment in Madrid
mandar un mensaje	to send a message
Me encanta	I love it
Me gustaría	I would like
llegar tarde	to arrive late
llegar pronto	to arrive early
tener planes	to have plans
ser goloso/a	to have a sweet tooth
Vamos a ver…	Let's see…
¿Qué echan en el cine?	What's on at the cinema?
cenar fuera	to eat out
barra y copas	bar and drinks
bar de bocadillos	baguettes bar
pinchos	small (one person) portions of food
chiringuito playero	beach bar
ser puntual	to be punctual

Verbos	Verbs
apetecer	to fancy, to want
bailar	to dance
cantar	to sing
charlar	to have a chat, a talk
comprar	to buy
convertirse (ie)	to become / to change
crecer	to grow
desarrollarse	to develop
descubrir	to discover
destacar	to stand out
encantar	to love something / to like it very much
llevar	to carry
mandar	to send
pedir (i)	to order
publicar	to publish
quedar	to meet / to arrange
recoger	to pick up
recomendar (ie)	to recommend
reivindicar	to demand

representar	to act / to represent
salir	to go out
ser puntual	to be punctual
soler (ue)	to usually do something
sufrir	to suffer, to put up with
sugerir (ie)	to suggest
tener que	to have to
tomar algo	to have a drink
traer	to bring
venir (ie)	to come
ver	to see

Palabras de comidas / *Food words*

las aceitunas	olives
el arroz	rice
el café con leche	coffee with milk
el café cortado	coffee with a bit of milk
el café solo	black coffee
la carne a la brasa	grilled beef
la casera / gaseosa	lemonade
la cebolla	onion
la empanada	pasty
la ensalada	salad
la fajita	maize tortilla
el flan	crème caramel
la fruta	fruit
las gambas (al ajillo)	prawns (in garlic)
el gazpacho	cold tomato soup
el helado (de vainilla, de chocolate, de fresa)	ice cream (vanilla, chocolate, strawberry)
el jugo	juice
el lomo	topside of pork
el marisco	seafood
el montadito de lomo	pork baguette
la paella	rice dish
el pez espada	swordfish
el pollo	chicken
el pollo al ajillo	garlic chicken
el queso	cheese
el solomillo	fillet steak
la sopa	soup
la tarta (de manzana, chocolate, fresa)	cake / pie (apple, chocolate, strawberry)
el tomate	tomato
el zumo	juice

Problemas de salud
Guía de la unidad

unidad 8 Problemas de salud

En esta unidad vamos a:

⭐ *Identificar las partes del cuerpo*

⭐ *Hablar de enfermedades*

⭐ *Explicar los síntomas*

⭐ *Comprar medicinas y entender la dosificación*

⭐ *Describir lo que has hecho hoy (Pretérito Perfecto)*

⭐ *Acordar / negociar para cambiar la fecha de un examen o de un trabajo*

Repaso

A *Une cada frase de la izquierda con la forma apropiada del imperativo de la derecha.*

1 ¿Puede traerme el menú por favor?	**a)** Pónganos (usted)
2 Tiene que ir al médico mañana.	**b)** Llega (tú)
3 Tienes que quedarte en casa estudiando.	**c)** Traígame (usted)
4 Tiene que rellenar la ficha para matricularse en el curso.	**d)** Toma (tú)
5 ¿Puede ponernos unas tapas por favor?	**e)** Quédate (tú)
6 Hay que llegar puntual a las clases de español.	**f)** Estudia (tú)
7 Tienes que tomar la medicina.	**g)** Vaya (usted)
8 Tiene que seguir todo recto.	**h)** Habla (tú)
9 Tienes que hablar con el profesor.	**i)** Rellene (usted)
10 Para mejorar tu español, tienes que estudiar.	**j)** Siga (usted)

B *Ahora formula 5 frases nuevas usando las formas del imperativo de algunos verbos de arriba.*

2 *Escucha las conversaciones por teléfono. Mira los mensajes escritos de los móviles y une cada mensaje con la conversación más adecuada.*

1 ☐

> Estoy estudiando español. No puedo ir.

3 ☐

> Vale, llevo las bebidas

2 ☐

> Espera que ya bajo.

4 ☐

> Ahora voy a tu casa.

3 *Mira el diario de tu amiga Isabel y une sus mensajes de email con las preguntas de Mario.*

Lunes	10.00am Clases de Informática hasta la 1.00pm
Martes	09.00am cita con el dentista
Miércoles	10.00am Clases de economía hasta las 2.00pm
Jueves	Clases am; 10.00pm cine con Begoña
Viernes	9.00pm de cena con amigos de la universidad. Restaurante El Viajero
Sábado	10.00pm Disco – pub Sacha's: de baile
Domingo	

1
Hola Isabel
¿Te apetece ir a cenar el viernes por la noche?
Besos
Mario

2
Entonces... ¿Quieres ir a una terraza a tomar una copa el sábado por la noche?
Un abrazo
Mario

3
¿Y si... tomamos algo en la cafetería de la universidad el lunes por la mañana?
Mario

4
¿Te gustaría hacer algo el domingo?
Mario

A
Hola, ¿qué tal Mario?
Me gustaría mucho, pero voy a bailar con unas amigas.
Lo siento.
Isabel

B
Sí, vale, ¿a qué hora quedamos y dónde?
Isabel

C
Lo siento, no puedo, voy a salir con unos amigos de la universidad.
Isabel

D
No puedo, tengo clases toda la mañana.
Isabel

Aperitivo

Las partes del cuerpo

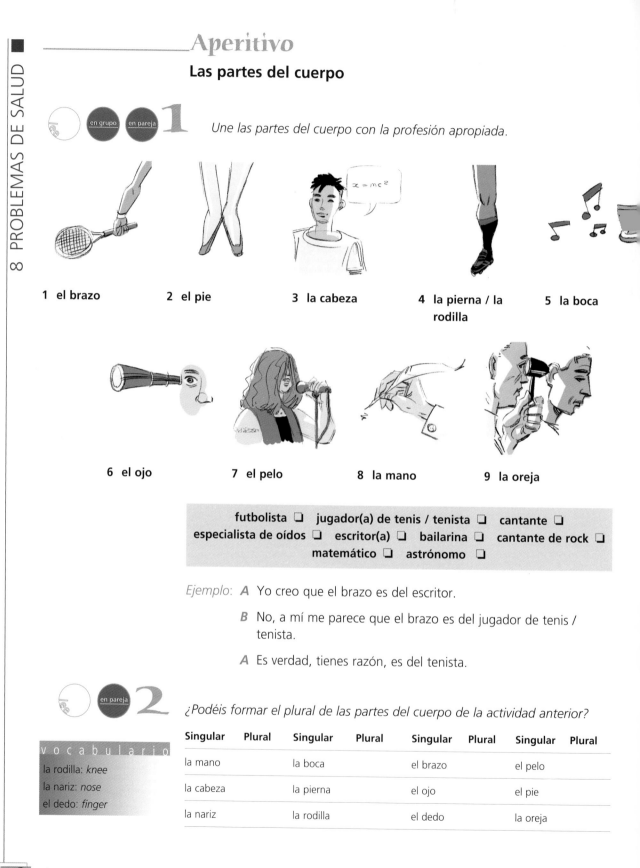

1 *Une las partes del cuerpo con la profesión apropiada.*

1 el brazo   **2** el pie   **3** la cabeza   **4** la pierna / la rodilla   **5** la boca

6 el ojo   **7** el pelo   **8** la mano   **9** la oreja

futbolista ❑   jugador(a) de tenis / tenista ❑   cantante ❑
especialista de oídos ❑   escritor(a) ❑   bailarina ❑   cantante de rock ❑
matemático ❑   astrónomo ❑

Ejemplo: **A**   Yo creo que el brazo es del escritor.

       B   No, a mí me parece que el brazo es del jugador de tenis / tenista.

       A   Es verdad, tienes razón, es del tenista.

2 *¿Podéis formar el plural de las partes del cuerpo de la actividad anterior?*

vocabulario

la rodilla: *knee*
la nariz: *nose*
el dedo: *finger*

Singular	Plural	Singular	Plural	Singular	Plural	Singular	Plural
la mano		la boca		el brazo		el pelo	
la cabeza		la pierna		el ojo		el pie	
la nariz		la rodilla		el dedo		la oreja	

Primer plato

¿Qué te pasa?

1 solo

A *Une las siguientes imágenes con su síntoma correspondiente.*

1 ☐   2 ☐   3 ☐   4 ☐

5 ☐   6 ☐   7 ☐

v o c a b u l a r i o

las muelas: *molars / teeth*
el estómago: *stomach*
la alergia: *allergy*
la fiebre: *temperature*
el dolor: *pain*
el catarro: *a cold*
pasar: *to happen*

a) Tengo dolor de muelas. / Me duelen las muelas.

b) Tengo dolor de estómago. / Me duele el estómago.

c) Tengo alergia al polen.

d) Tengo fiebre.

e) Tengo dolor de cabeza. / Me duele la cabeza.

f) Tengo dolor de garganta. / Me duele la garganta.

g) Tengo catarro, resfriado.

en pareja

B *Haz diálogos con tu compañero/a.*

Ejemplo: **A** ¿Qué le pasa al número uno?

B Tiene dolor de estómago. / Le duele el estómago.

Doler = to cause pain / to hurt

me te le nos os les	duele duelen	la cabeza (my) head aches ((I've) got a headache) las muelas (my) teeth ache ((I've) got toothache)

This verb works in the same way as the verb *gustar*.
These forms (*tengo dolor – me duele*) are more or less interchangeable.
If you find using both difficult, just use one.

 2

*Pregunta a cinco estudiantes ¿**Qué te pasa?**, y completa la tabla en tercera persona. Cada estudiante elige un síntoma de la actividad anterior.*

Ejemplo: **A** ¿Qué te pasa, Sally?

B Me duele la cabeza. / Tengo dolor de cabeza.

Estudiantes

Sally	Ejemplo: Sally tiene dolor de cabeza. / A Sally le duele la cabeza.

3

Mira los siguientes remedios. Víctor tiene dolor de cabeza y de garganta y Alicia va a la farmacia a comprarle un remedio ¿Qué crees que va a comprar?

pastillas de paracetamol

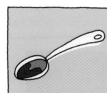
jarabe

comprimidos efervescentes

pomada

pastillas antibióticos

supositorios

4 *Escucha la conversación de Alicia en la farmacia. ¿Qué compra? Márcalo con una X.*

vocabulario

la receta: *prescription*
la garganta: *throat*
debe (deber): *ought to*

pastillas de paracetamol   antibióticos
supositorios   jarabe
pomada   comprimidos efervescentes

5 *Une las frases según el diálogo anterior y después escúchalo otra vez.*

1 Hola, dígame, ¿en qué puedo ayudarle?

2 ¿Tiene algo para la gripe o resfriado?

3 Vale, muy bien ¿cuánto es todo por favor?

4 ¿Es antibiótico?

5 ¿Y para la garganta, tiene algo?

6 ¿Cuándo debe tomar**lo**?

7 ¿Y los comprimidos? ¿Cuándo debe tomar**los**?

a) Sí, tengo una medicina muy buena que se llama 'Gripeno'.

b) Debe tomar**lo** dos veces al día.

c) No, no, sólo tiene paracetamol y codeína. Para antibiótico necesita una receta del médico. No **la** necesita para el paracetamol.

d) Sí, puede tomar un jarabe antiséptico.

e) Mi amigo se encuentra mal, tiene dolor de garganta y también le duele la cabeza.

f) Una o dos cada seis horas. Debe tomar**los** con comida.

g) Son doce euros.

¿Puedes decir qué palabras están sustituyendo los pronombres (en negrita)?

Direct object pronouns in the third person

lo, la, los, las

SINGULAR	PLURAL
lo = it (masculine object)	**los** = them (masculine objects)
la = it, her (feminine object and female person)	**las** = them (feminine objects and females)

*El jarabe está allí. ¿**Lo** quieres?* The cough syrup is over there. Do you want it?
*La receta está en la mesa. ¿**La** quieres?* The prescription is on the table. Do you want it?
*Los comprimidos están aquí. ¿No **los** quieres?* The pills are here. Don't you want them?
*Las pastillas están en este paquete. ¿No **las** quieres?* The tablets are in this packet. Don't you want them?

le = him, les = them (males)

*¿Dónde está **Carlos**? No **le** veo.* Where's Carlos? I don't see him.
*¿Dónde están **tus padres**? No **les** veo.* Where are your parents? I don't see them.

There is some confusion in the Spanish-speaking world about which pronoun to use for 'him' and 'them' (masculine). Using *le* and *les* is a good rule of thumb.
Can you work out where the pronoun is usually placed in the sentence?

There are some exceptions to that rule:
YOU MUST
Attach the pronoun to the end of a command:
*¡Míra**lo**!* Look at it!   *¡Cómpra**las**!* Buy them!

YOU MAY
Attach the pronoun to the end of an infinitive:
*No puedo tomar**lo**.*   OR
*No **lo** puedo tomar.*   I can't take it.

Attach the pronoun to the end of a present participle:
*No estoy tomándo**lo**.*   OR
*No **lo** estoy tomando.*   I'm not taking it.

Did you notice that an accent appears? Why?

Indirect and direct object pronouns together in thhe third person

le, les + lo, la, los, las

One final point:
Where you have two of these pronouns together, the indirect pronoun changes from *le* to *se*.
This is to avoid two pronouns beginning with 'l' occurring together.
Doy <u>el medicamento</u> a Víctor.   I give the medicine to Víctor.
***Lo** doy <u>a Víctor</u>.*   I give it to Víctor.
***Se lo** doy.*   I give it to him.

le or les + lo, la, los, las = se + lo, la, los, las

6　**A**　*Sustituye los Objetos directos subrayados por sus pronombres correspondientes (lo, la, los, las).*

1 Debes tomar <u>la medicina</u> cada cuatro horas.
Debes tomar__ cada cuatro horas.

2 ¿Cuántas veces al día tengo que tomar <u>el jarabe</u>?
¿Cuántas veces al día tengo que tomar__?

3 ¿Cuándo debe tomar <u>los comprimidos</u>?
¿Cuándo debe tomar__?

4 Debe tomar <u>las pastillas</u> con las comidas.
Debe tomar__ con las comidas.

5 ¿Cuándo puedo tomar <u>la aspirina</u>?
¿Cuándo puedo tomar__?

6 No necesitas <u>receta</u> para esta medicina.
No __ necesitas para esta medicina.

B　*Relaciona las frases de la izquierda con las correspondientes de la derecha.*

1　¿Le puede hacer un justificante para el profesor?

2　¿Le puedes dejar los apuntes a mi amigo?

3　Tienes que devolverle los apuntes mañana.

4　Les he dado las fotocopias a los alumnos.

5　¿Has traído el CD a Carlos?

a) ¿Se los puedes dar a mi amigo?

b) ¿Se lo has traído?

c) ¿Se lo puede hacer para el profesor?

d) Se las he dado a los alumnos.

e) Se los tienes que devolver.

7　　*Ahora traduce estas frases.*

a)　You don't need it. (el antibiótico) _____

b)　He bought it yesterday. (la medicina) _____

c)　I can't do it. (el ejercicio de español) _____

d)　When should I take them? (las pastillas) _____

e)　She saw him last week. _____

f)　They read it last month. (el libro) _____

g)　We took them yesterday. (los comprimidos) _____

Primer plato

A *Lee y ordena la descripción del día de Víctor.*

Lo que he hecho hoy

1 Después he desayunado.

2 He vuelto a casa.

3 Luego he ido a la universidad.

4 Esta mañana me he levantado.

5 He tomado una medicina para la fiebre y para el dolor de cabeza y garganta.

6 Más tarde me he sentido mal.

B *Ahora escucha el principio de la conversación de esta mañana de Víctor y Alicia en el móvil y confirma lo anterior.*

C *Escucha la conversación otra vez y elige la respuesta adecuada.*

1 Víctor: se ha levantado tarde como siempre.
se ha levantado pronto.

2 Víctor: ha ido a la universidad y después de una hora se ha sentido mal.
ha ido a la universidad para las primeras dos horas.

3 Alicia: va a ir a casa de Víctor con las medicinas dentro de una hora.
va a comprarle las medicinas y llevarlas a su casa dentro de dos horas.

Con un(a) compañero/a escucha la conversación otra vez y rellena la información en español correspondiente al inglés. Tu profesor(a) va a parar el CD en diferentes puntos de la conversación.

1 What's happened to you?   *Ejemplo:* ¿Qué te ha pasado?

2 I don't feel very well.   _____

3 I got up at eight.   _____

4 I had breakfast.   _____

5 I went to university.   _____

6 Have you been to the doctor?   _____

7 Don't worry.   _____

10

Túrnate con tu compañero/a y haz las siguientes preguntas.

¿Has	tenido dolor de muelas	alguna vez?
	tenido meningitis	
	tenido alergia al polen	
	tenido asma	
	tenido una pierna / un brazo escayolada/o	
	estado en un hospital	
	ido al médico en España	
	tenido una enfermedad importante	

Ejemplo: **A** ¿Has tenido dolor de muelas alguna vez?

B Pues, no, no he tenido dolor de muelas nunca. / No, nunca. / Sí, una vez. / ¡Uy! muchas veces.

In this section, you have come across a new verb form. Can you work out:
■ when it is used?
■ how it is formed?

Pretérito perfecto

(yo)	**he**		
(tú)	**has**	+	**-ado** (**-ar** verbs: *estado, hablado, desayunado, trabajado*)
(él, ella, usted)	**ha**	+	**-ido** (**-er**, **-ir** verbs: *tenido, ido, sentido, vivido, dolido*)
(nosotros)	**hemos**		
(vosotros/as)	**habéis**	+	(**irregular past participle forms**: *hecho, vuelto, escrito, visto*)
(ellos/as ustedes)	**han**		

This tense is used when the action has already finished, but when the action is still linked to the present by phrases such as:

*hoy   esta mañana   este año   esta tarde   este mes
esta noche   este verano   ahora mismo   alguna vez   nunca*

The second part of this tense, known as the past participle, usually ends in **-ado** or **-ido**. There are as usual some irregular endings:

hecho (*hacer*: to do or to make)   *escrito* (*escribir*: to write)
vuelto (*volver*: to return)   *visto* (*ver*: to see)
dicho (*decir*: to say)   *abierto* (*abrir*: to open)
muerto (*morir*: to die)   *roto* (*romper*: to break)
puesto (*poner*: to put)   *descubierto* (*descubrir*: to discover)

11

Hoy, esta semana, este mes, alguna vez

Practica con tu compañero/a y turnaos para hacer las siguientes preguntas.
¿Qué has hecho hoy / esta semana / este mes / alguna vez?

¿Has	jugado al fútbol	
	estudiado español	hoy?
	ido a España	esta semana?
	estado en México	alguna vez?
	escrito un email	este mes?
	hablado con tu amiga	
	visto a tu familia	
	hablado en español	
	visto una película española	
	ido a la farmacia	
	...	

Ejemplo: **A** ¿Has jugado al fútbol hoy?

B Sí, he jugado para el equipo de la universidad. / No, no he jugado.

Ahora haz las mismas preguntas a otros estudiantes.

12

¿Dónde puedo comprarlo/la/los/las?/ ¿Dónde puedes verle?

Practica con otro estudiante. Tienes que comprar muchas cosas / ver a un médico. ¿Dónde puedes comprarlas / verle?

1 unas gafas de ver

2 comprimidos para el dolor de cabeza

3 a un médico si tengo asma

4 unas lentillas nuevas

5 unas gafas de sol

6 a un médico si tienes un accidente

7 una medicina de hierbas

8 unas gotas para los ojos

9 pastillas efervescentes para el dolor de cabeza

10 (ver) a un médico de urgencia: tienes mucha fiebre

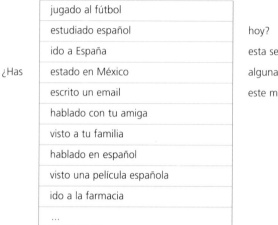

Ambulatorio
MÉDICO DE
URGENCIA
Dr. Rebollo

HERBOLARIO
Medicina
alternativa

FARMACIA CRUZ
ROJA
Análisis de sangre
Control de peso

OPTICA OJERAS
Gafas graduadas
Lentes de contacto
Gafas de sol

CLÍNICA ALERGIAS
Consulta de Médico: Dr. Bustelo
Horario 9.00am–1.00pm
Especialista en alergias y asma

Ejemplo: **A** ¿Dónde puedo comprar unas gafas de ver?

B Puedes comprarlas en la Óptica Ojeras. / Las puedes comprar en la Óptica Ojeras.

13 *Escucha la conversación donde Víctor va al médico y di si las frases siguientes son verdaderas o falsas.*

1 Víctor ha ido a la consulta del médico.

2 Le han operado de la garganta.

3 El médico le ha visto la garganta y los brazos.

4 Víctor nunca ha tenido una enfermedad grave.

5 El médico le ha recetado supositorios.

6 Víctor no ha faltado a clase.

7 El médico le ha escrito una nota para los profesores.

14 **A** *Escucha la conversación otra vez y pon en orden estas intervenciones del médico y del enfermo.*

1 ¿Has tenido anginas alguna vez?
Sí, muchas veces, desde pequeño.

2 ¿Puede escribir una nota o justificante para mis profesores de la universidad? He faltado a clase y no he podido hacer un examen.
Vale. Aquí tienes la receta y una nota para tus profesores.

3 Hola, buenas tardes. ¿Cómo te encuentras? ¿Qué te pasa?
Hola, ¿Qué hay? Pues, me duele la garganta, y creo que tengo fiebre. He tomado una pastilla de paracetamol y un jarabe para la garganta, pero todavía me encuentro mal.

4 ¿Eres alérgico a alguna medicina?
Yo creo que no.

5 ¿Te han operado de la garganta?
No, nunca.

6 ¿Has tenido una enfermedad grave alguna vez?
No, que yo sepa, creo que no.

B *Después escucha el diálogo y confirma el orden de las frases.*

15 Lee o escucha el diálogo otra vez y responde a las siguientes preguntas en español.

1 ¿Qué síntomas tiene Víctor?

2 ¿Qué ha tomado?

3 ¿Le han operado de la garganta?

4 ¿Cuál es la diagnosis del médico?

5 ¿Ha tenido Víctor anginas alguna vez?

6 ¿Qué le ha recetado el médico?

7 ¿Por qué le ha pedido una nota (un justificante) al médico?

16 Esta es la carta que ha escrito el doctor Marañón esta mañana, explicando por qué Víctor no ha podido hacer su examen. Lee la carta primero. Luego, intenta escribir una parecida, cambiando estos detalles:

Fecha; Día / hora de la consulta; Síntomas; Receta; Días en cama.

> 21 de octubre, 2006.
> Víctor Pascual García ha venido hoy a la consulta, quejándose de dolor de garganta y fiebre. Le he mandado un antibiótico y jarabe y le he dicho que tiene que quedarse en la cama un par de días.
> José Luís Marañón

Segundo plato

Víctor ha faltado a su examen

Más tarde Víctor ha llamado a su profesor. Escucha la conversación primero y decide si estas frases son verdaderas o falsas.

1 El Dr Suárez es profesor de Matemáticas.

2 El examen ha sido esta mañana.

3 Víctor no ha ido a clase.

4 Ha ido a ver al médico esta mañana.

5 Víctor tiene que quedarse en la cama un día.

6 Víctor está de acuerdo con el profesor en hacer el examen la semana próxima.

7 El Dr Suárez prefiere hacerlo la semana próxima.

8 Quedan en verse el viernes a las nueve.

9 El Dr Suárez se enfada con él al final.

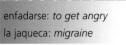

vocabulario

enfadarse: *to get angry*
la jaqueca: *migraine*

★ **Nota cultural**

All Spanish citizens are entitled to free medical treatment. They receive a card (**la cartilla**) with a personal number from the Health Service (**Seguridad Social**). They choose a doctor (**el médico de cabecera**) from the list in the area where they live. Doctors may visit their patients on request, prescribe medicines, do specialist visits, diagnostic tests and admission to hospital. At weekends, a locum service (**Servicio de guardia médica**) is available, replacing the **médico de cabecera**.

Most Spanish people have private medical insurance, as this is provided through the workplace. This means that it is easier and quicker to obtain treatment. However, even if you do not have access to private care, the **Seguridad Social** works efficiently and quickly. You will be seen immediately by the **médico de cabecera** (G.P.) at your local Health Centre (**clínica** or **ambulatorio**); you will not have to wait long for your first referral to hospital, where this is necessary. Thereafter, you may need to wait some months before you are seen again, although waiting lists are not as long as in the UK. As healthcare is now devolved to the autonomies (regions), the time you wait will depend on where you live, and how much demand there is for the particular service that you need.

Ahora, intentad contestar estas preguntas.

1 ¿Qué le pasa a Víctor? ¿Por qué ha faltado al examen?

2 ¿Qué le ha mandado el médico?

3 ¿Cuántos días tiene que quedarse en la cama?

4 ¿Tiene que hacer el examen?

5 ¿Cuándo va a hacerlo? ¿A qué hora?

El lenguaje de negociación

Empareja las frases de la izquierda con sus equivalentes en inglés a la derecha.

1 ¿Qué ha pasado?   a) It would be better at 10.00.

2 Por eso le he llamado.   b) I think so.

3 Lo siento mucho, de verdad. c) If that's OK with you.

4 ¿Puedes hacerlo esta   d) Oh no, that's impossible.
semana? O ¿qué te parece
la próxima semana?

5 ¿Qué te parece si...?   e) Well, OK then.

6 ¡Ah no!, ¡imposible!   f) What's happened?

7 Mm, bueno...   g) What do you think if ...?

8 Me parece que sí.   h) It's not your fault.

9 Bueno, vale.   i) I'm sorry for the trouble …

10 Si le viene bien.   j) That's why I've called you.

11 A las diez mejor.   k) Can you do it this week? Or what do
you think about next week?

12 Perdone la molestia.   l) I am really sorry …

13 No es tu culpa.   m) Mmm, well …

Ahora vas a usar estas expresiones en otra situación. No has entregado un trabajo a tiempo y tienes que negociar otra fecha de entrega con tu profesor(a). Tu compañero/a será el/la profesor(a). Luego cambiad de papel. Empieza así.

vocabulario

la fecha de entrega:
submission date
entregar: *to hand in, to deliver*

Ejemplo: **A** Lo siento, doctor Marañón – no he podido terminar el trabajo.
Es que ...

Escribe una carta o un email a tu profesor(a) explicando por qué no has podido entregar tu trabajo a tiempo. (100 palabras)

Estimado Sr....

Atentamente

_____[firma]

Postre

Enfermo en España

1 **¿Y si estoy enfermo en España?**

Lee esta descripción de lo que tienes que hacer si quieres darte de alta en la Seguridad Social. Luego contesta las preguntas en inglés.

> ★ **Nota cultural**
>
> Los estudiantes extranjeros tienen derecho a asistencia sanitaria en los centros y hospitales que dependen de la Seguridad Social. Para acceder a este servicio, todos los estudiantes deben llevar consigo el E111 o E128 que pueden obtener en su propio país. Si necesita ayuda médica se debe acudir con este formulario al ambulatorio o Centro de Salud más cercano a donde vive, para que le asignen un médico de cabecera.
> Antes de visitar al médico, debe llamarle por teléfono para pedir cita. Si se necesita asistencia especializada, el médico de familia le remitirá al médico especialista.
> Respecto al tratamiento médico bucal, la Seguridad Social sólo cubre las extracciones dentarias. Para recibir tratamientos más especializados, hay que acudir a un dentista privado y correr con todos los gastos de este tratamiento.
> En casos urgentes, se puede acudir directamente a los Servicios de Urgencias de los Hospitales o de los Centros de Salud. A la hora de comprar los medicamentos, se debe presentar en la farmacia la receta del médico; así, sólo tiene que pagar una parte del valor de los medicamentos.
> Adaptado de información de la universidad de Castilla-la Mancha.

1 If you are a student, in which sort of hospital can you receive treatment?

2 What documentation must you take with you?

3 What must you do if you want to register with a doctor?

4 How do you get an appointment?

5 What happens if you need more specialised treatment?

6 Do you have to pay for dental treatment?

7 What should you do if you have an accident?

8 Are your prescription costs covered?

vocabulario

el formulario: *form*
la cita: *appointment*
el/la especialista: *consultant / specialist*
los gastos: *expenses*

Café

Pronunciación y Ortografía

Palabras con acento visual (´)

There is a group of words which have an acute accent to mark the stressed syllable.

1 *Escucha las siguientes palabras y subraya la sílaba más fuerte.*

sorprendio	eramos	pantalon	aqui	simpatico	relacion
numero	razon	opinion	direccion	movil	television	marron
estabamos	plastico	sintomas	medico	telefono	antibiotico
infeccion	estomago	futbol	dejame	digame	café	comi
hable	visite	estacion	ingles	Almodovar	Cadiz	Mexico

2 *Aquí hay cuatro grupos / reglas de palabras acentuadas con acento visual. ¿Puedes escribir las palabras anteriores en las columnas correspondientes según sus características? Después escúchalas otra vez, ya clasificadas.*

1 a stressed final vowel	2 final -n or -s, stressed on the last syllable	3 a final consonant other than -n or -s, stressed on the next to last syllable	4 a stress on any other syllable (usually second from the last): e.g. *buenísimo, malísimo.*
These include a number of preterite forms	These include present tense (vosotros) endings: *habláis, coméis, vivís*; many words ending in *-ión, -ón. -és* (which lose the accent in the plural or the feminine).		These can include imperatives, infinitives and gerunds with added pronouns; *decírtelo, escribiéndote.*

Tu portfolio

1

A *Imagina que no te sientes bien al llegar a tu casa. Dile los síntomas a tu compañero/a de apartamento. Graba la conversación. Luego os turnáis.*

B *Ahora busca a un(a) amigo/a español(a) y graba la conversación comprando las medicinas. Tu amigo/a hace el papel de farmacéutico, y tú le preguntas sobre las dosis de medicina.*

C *Finalmente imagina que vas al médico. Tu amigo/a hace el papel del médico y te pregunta qué te pasa y cuándo te han empezado los síntomas. Tu amigo/a te dice el diagnóstico, te escribe la receta y te hace las recomendaciones necesarias.*

2

A *Pregunta a cuatro estudiantes si han hecho las siguientes actividades.*

Nombre				
¿Has hablado con un chileno alguna vez?				
¿Has jugado al fútbol alguna vez?				
¿Has estudiado español más de una hora en casa alguna vez?				
¿Has ido a Barcelona alguna vez?				
¿Has estado en México alguna vez?				
¿Has escrito un email en español alguna vez?				
¿Has visto una película española alguna vez?				
¿Has comido una comida española alguna vez?				
¿Has estado enfermo en España alguna vez?				
¿Has bebido vino español alguna vez?				

B *Escribe un informe de 100 palabras con los resultados.*

Café

3 *Escribe un email a tu amigo/a explicando que has faltado a clase de Biología, y necesitas los apuntes. Pregúntale si te los deja.* (Use verbs like: *dejar*: to lend; *dar*: to give; *quedar*: to meet)

4 *Escribe un email a tu compañero/a español(a) de conversación explicándole por qué no has ido a la hora que quedasteis y sugiriendo otro día y otra hora.*

Sobremesa cultural

Refranes populares

Aquí hay unos refranes de la sabiduría popular. Todos tienen que ver con la salud.

1 Une el significado de cada refrán con su versión inglesa.

2 Sólo uno de los refranes en inglés es auténtico. ¿Cuál es?

3 ¿Puedes traducir los refranes mejor que lo hemos hecho aquí?

4 ¿Cuál es el verdadero sentido de cada refrán?

1 El tiempo cura al enfermo, que no el ungüento.

2 Médico sin ciencia, médico sin conciencia.

3 La salud no es conocida hasta que es perdida.

4 Más vale prevenir que curar.

5 Si quieres vivir sano, hazte viejo temprano.

6 Donde entra el aire y el sol, no entra el doctor.

a) If you want to stay healthy, you need to grow old soon.

b) Prevention is better than cure.

c) There's no need for a doctor where there's fresh air and sun.

d) It's time that cures the sick, not ointment.

e) An ignorant doctor is a careless doctor.

f) You don't know you're healthy until you fall ill.

Repaso

Ahora sabemos

  Identificar las partes del cuerpo

  Hablar de enfermedades, síntomas y remedios

  Comprar medicinas, y entender la dosificación

  Usar los pronombres de Objeto Directo

  Describir lo que has hecho hoy (Pretérito Perfecto)

  Acordar / negociar para cambiar la fecha de un examen o de un trabajo

Haz las siguientes actividades y repasa el material antes de proceder a la Unidad 9.

1 *Pon las siguientes frases en orden.*

1 comprarlas / puedes / en una óptica / las gafas

2 le / a / la cabeza / Víctor / duele

3 tomar? / debo /¿cuándo / la

4 dos veces / debe / al día / tomarla

5 el trabajo? / ¿has hecho / he hecho / lo / no, no

6 he sentido / mal / me / hoy

7 mis medicinas? / ¿has visto / he visto / las / no, no /

8 le / una receta / ha escrito / el médico

2 *Une las preguntas con las respuestas.*

1 ¿Te apetece tomar un café?   **a)** Me he levantado muy pronto.

2 ¿A qué hora te has levantado hoy?   **b)** Me he sentido mal.

3 ¿Qué te ha pasado?   **c)** He ido al médico.

4 ¿Dónde has ido?   **d)** Me apetece mucho pero no puedo.

3 *Escribe otra forma de decir estas frases con el pronombre de Objeto Directo correspondiente.*

1 Necesitas dar <u>este jarabe</u> a Carlos. = Necesitas dárse____.

2 Begoña tiene que comprar <u>las medicinas</u> a Víctor.

= Begoña se ____ tiene que comprar.

= Begoña tiene que comprárse____.

3 Voy a comprar <u>las medicinas.</u>

= Voy a comprar____.

= ___ voy a comprar.

4 ¿Puedes dejarme <u>los apuntes</u> de Biología, por favor?

= ¿Puedes dejárme____, por favor?

= ¿Me ____ puedes dejar, por favor?

5 Tiene que darle <u>el antibiótico</u> dos veces al día.

= Tiene que dárse___ dos veces al día.

6 He escrito <u>una carta.</u>

= ____ he escrito.

4 *Contesta las preguntas.*

1 ¿Cuándo tengo que tomar **las pastillas**?
_____ dos veces al día.

2 ¿Compro **las pastillas**?
Sí, _____.

3 ¿Llevo **las medicinas**?
Sí. _____ a su casa.

4 ¿Has escrito **el email**?
No, _____ _____ que escribir.
No, _____ que escribir _____.

5 *Completa la rutina de Víctor de hoy.*

1 Víctor normalmente se levanta tarde, pero hoy se _____ muy pronto para hablar con el profesor Suárez.

2 Víctor no se ducha todos los días, pero hoy se _____.

3 Víctor casi nunca hace sus trabajos, pero hoy los _____.

4 Víctor no falta a clase normalmente, pero hoy _____ porque _____ al médico (ir).

Vocabulario

Nombres	Nouns
la alergia	allergy
el algodón	cotton
la altavoz(ces)	speaker(s)
el análisis	analysis
las anginas / amigdalas	tonsils, tonsillitis
el antibiótico	antibiotic
los apuntes	notes
el asma (f)	asthma
la aspirina	aspirin
la bronquitis	bronchitis
la cápsula	capsule
el caramelo	sweet
el catarro	cold (illness)
la cita	appointment
la clase	classroom
el coche	car
el comprimido	tablet
el constipado	cold, flu
la consulta	surgery
la diagnosis	diagnosis
el dinero	money
el dolor	pain
la dosificación	dosage
la dosis	dose
la droga	drug
la enfermedad	illness
el/la especialista	consultant, specialist
el farmacéutico	pharmacist
la farmacia	pharmacy
la fiebre	temperature, fever
el formulario	form
las gafas de sol	sunglasses
las gafas de ver / graduadas	prescription glasses
la garganta	throat
los gastos	expenses
la gripe	flu
las hierbas	herbs
la jaqueca	migraine
el jarabe	syrup
la lana	wool
las lentillas	lenses
la madera	wood
la masa	crowd
la medicina	medicine
el médico	doctor
la meningitis	meningitis
el metal	metal
la muela	molar / tooth
la nota	note
el/la paciente	patient
el paro	unemployment
la pastilla	tablet
la pastilla efervescente	soluble tablet
el piso	flat / apartment

el polen	pollen
la pomada	cream / ointment
el problema	problem
la receta	prescription
el resfriado	cold (illness)
el síntoma	symptom
el supositorio	suppository
el reuma	rheumatism
la venta	sale / selling
la vuelta	change
la urgencia	emergency

Otras palabras y expresiones útiles	Other useful words and expressions
hacia	towards
¿Qué te / le pasa?	What is the matter?
¿Qué ha pasado?	What's happened?
¿Cómo te / se encuentra(s)?	How do you feel?
¿Cómo te / se siente(s)?	How do you feel?
No te / se preocupe	Don't worry
médico (m) de cabecera	G.P. doctor
atención	be aware
mientras	while
ten cuidado	be careful
ya casi	already nearly
antes	before
por eso	that's why
Lo siento mucho	I am sorry
¿Qué te parece si…?	What do you think if…?
Me parece bien	I think it is OK
Perdone la molestia	I'm sorry for the trouble
Si le viene bien	If that's OK with you

Partes del cuerpo	Parts of the body
la cabeza	head
el corazón	heart
el cuerpo	body
la boca	mouth
el brazo	arm
el dedo	finger
la espalda	back
el estómago	stomach
la garganta	throat
la mano	hand
la nariz	nose
el ojo	eye
la oreja	ear
el pelo	hair
el pie	foot
la pierna	leg
la rodilla	knee

Adjetivos	Adjectives
alternativo/a	alternative
grave	dangerous

Verbos / *Verbs*

Verbos	Verbs
alquilar	to rent
ayudar	to help
bajar	to go down
colgar (ue)	to hang
comprar	to buy
dar un golpe	to knock
deber	ought to
decir	to say
dejar	to lend
descubrir (descubierto)	to discover (discovered)
despedirse (i)	to say goodbye
doler (ue)	to hurt
encontrarse (ue) bien / mal	to feel well / bad
entregar	to hand in
faltar a clase	to miss class
leer	to read
levantar	to lift up
mejorar	to improve
mover (ue)	to move
necesitar	to need
olvidar	to forget
operar	to operate
parar	to stop
pasar	to happen / to pass
poder (ue)	to be able to
quedarse	to stay
quejarse	to complain
recetar	to prescribe
saludar	to say hello
sorprender	to surprise
subir	to go up
tener alergia	to have an allergy
tener catarro	to have a cold
tener dolor	to have pain
tener fiebre	to have a temperature
toser	to cough
traer	to bring
venir	to come
volver (a casa)	to return (home)

Vocabulario de cartas / *Letter vocabulary*

Vocabulario de cartas	Letter vocabulary
Estimado/a...	Dear...
Atentamente	Yours sincerely

El mundo del trabajo

Guía de la unidad

unidad 9 El mundo del trabajo

En esta unidad aprenderemos a

★ **Describir a personas y sus profesiones**

★ **Expresar gustos y preferencias sobre trabajos**

★ **Dar consejos**

★ **Escribir un CV**

★ **Hablar de nuestra experiencia en una entrevista de trabajo**

★ **Hablar sobre planes futuros**

★ **Escribir una carta de solicitud para un trabajo**

★ **Usar el Condicional y el Futuro imperfecto de verbos regulares y de algunos verbos irregulares**

Repaso

1 ¿Has hecho suficiente ejercicio este año?
Responde a estas preguntas.

1 ¿Has hecho algún deporte o simplemente gimnasia?

Sí, he hecho deporte. Por ejemplo he ...
No, no he hecho ningún deporte.

2 ¿Has ido de excursión a practicar senderismo con los amigos?

Sí, he ido a varias excursiones. Por ejemplo he ...
No, no he ido de excursión este año.

3 ¿Has visto los deportes por la televisión o los has practicado?

Sí, algunos los he visto por la televisión y otros los he practicado.
Por ejemplo he ...
No, no los he visto por la televisión.

4 ¿A qué has dedicado más tiempo, al español o al deporte?

He dedicado más tiempo al ...

5 ¿Has ido andando al trabajo o a la clase algún día?

Sí, he ido andando al trabajo un día / dos días / tres días a la semana.
No, este año no he ido andando al trabajo ningún día.

Verbos con pronombres

Relaciona cada frase con su traducción en inglés.

1	dígamelo	**a)**	he has taken it
2	ayudarle	**b)**	I'm going to do it
3	me lo ha dado	**c)**	she should take it
4	le duele la cabeza	**d)**	tell me it
5	debe tomarlo	**e)**	she should take them
6	la ha tomado	**f)**	he has given it to me
7	no la necesita	**g)**	she told me it
8	debe tomarlos	**h)**	he's going to take them
9	voy a hacerlo	**i)**	she doesn't need it
10	me lo dijo	**j)**	she has a headache
11	va a tomarlas	**k)**	to help him

Contesta estas preguntas usando los pronombres de Objeto Directo e Indirecto.

Ejemplo: ¿**Me** puedes dejar <u>los apuntes</u>? Sí, claro que <u>te los</u> puedo dejar.
Sí, puedo dejár<u>telos</u> esta tarde, ¿vale?
No, lo siento, no puedo dejár<u>telos.</u>

1 ¿<u>Le</u> puedes dejar <u>los apuntes</u> a tu amigo?

_____

2 ¿<u>Te</u> puede hacer el médico <u>un justificante</u> para el profesor?

_____

3 ¿<u>Le</u> has devuelto <u>los CDs</u> a tu amigo?

_____

4 ¿Cuándo tienes que entregar <u>el trabajo</u> <u>a tu profesora</u> de español?

_____

5 ¿<u>Le</u> diste <u>el trabajo</u> al profesor de Física?

_____

Aperitivo

¿Qué profesión quieren tener?

en pareja 1

Une cada descripción con su imagen.

A César Aguilera ☐   **B Maribel Santos** ☐   **C Aitor Echevarría** ☐

D Tony ☐   **E Esther Fuentes** ☐

1 El chico rubio, alto y delgado, es abogado. Siempre va vestido de traje y corbata y lleva un maletín negro de piel. Tiene buena presencia. Ha trabajado para la universidad en muchas ocasiones. El año pasado trabajó en Francia. Le interesa el puesto de profesor de derecho en la Universidad Complutense. Ha hecho un curso de Doctorado este año. Habla español, francés y alemán. Es formal en su trabajo.

2 La chica morena de pelo largo estudió Filología inglesa en Salamanca. Vivió en Inglaterra durante el año pasado, creo que fue en la ciudad de Manchester. Siempre lleva muchos papeles en la mano. Habla español, inglés y también francés. Terminó el doctorado el año pasado. Ahora no trabaja, está en el paro. Suele llevar vaqueros y tiene un "piercing" en el labio. Quiere encontrar un trabajo en Inglaterra. Es muy sociable.

3 El hombre que tiene el pelo canoso y rizado, el del móvil, es ingeniero. Creo que este año ha trabajado para una compañía alemana en España. Ahora quiere trabajar en el extranjero. Tiene mucha experiencia. Es muy serio y siempre lleva chaqueta y zapatos de cordones. Es muy trabajador.

4 La señora que está leyendo un libro, la rubia de pelo corto, es matemática. Quiere buscar un trabajo fuera de Madrid. Es muy lista, pero muy tímida. Ahora trabaja en la universidad pero le gustaría trabajar en otra ciudad.

5 El chico pelirrojo de pelo largo y rizado que lleva pantalones vaqueros y camiseta, se llama Tony, y es inglés. Tiene unas carpetas en la mano. Es estudiante de Lengua española. Ahora está estudiando en España con el programa Erasmus y está buscando trabajo para pagar sus gastos de estudiante. El año pasado trabajó en un bar, pero no le gustó. Este año ha hecho un curso de TEFL para enseñar inglés en un colegio español. Sabe improvisar y tratar con la gente, es muy sociable y tiene mucha iniciativa.

Escribe cómo son estas personas según la información anterior.

	César Aguilera	Aitor Echevarría	Esther Fuentes	Tony	Maribel Santos
Es					
Tiene					
Lleva					

Lee la siguiente información (a–e). Después escucha las conversaciones y relaciona la información con la persona de quién están hablando.

1 César Aguilera, ingeniero

2 Aitor Echevarría, abogado

3 Esther Fuentes, filóloga

4 Tony, estudiante de Lengua española

5 Maribel Santos, matemática

a) Tiene el pelo largo. Estudió filología inglesa. Terminó el doctorado el año pasado. Le gustaría ir a Inglaterra a trabajar. Le encanta Inglaterra. Tuvo un novio inglés.

b) Es un pelirrojo muy guapo. Estudia conmigo en la clase de Lengua española. Está buscando clases para enseñar inglés. Le gustaría ser profesor.

c) Tiene el pelo rubio. Trabaja en la universidad hace un año. Quiere trabajar como profesora de matemáticas en otra universidad. Es muy simpática.

d) Tiene el pelo canoso. El año pasado trabajó para la universidad. Este año ha trabajado para una compañía alemana. Le gustaría trabajar en Alemania. Es muy serio.

e) Es rubio, alto y delgado. Ha hecho un doctorado este año. Estudió en la Universidad Autónoma. Siempre va muy elegante.

 **4** Ahora rellena la tabla con el resto de la información correspondiente, según la información de las actividades anteriores. Escribe todo lo que puedas en cada casilla.

	¿Qué hace ahora?	¿Qué ha hecho este año?	¿Qué hizo el año pasado?	¿Qué le gustaría hacer?
César Aguilera				
Aitor Echevarría				
Esther Fuentes				
Tony				
Maribel Santos				

5 Une cada profesión con un adjetivo.

| La profesión de | dentista / odontólogo/a
azafata
camarero/a
profesor(a)
ingeniero/a
estudiante
médico/a
matemático/a
secretario/a
músico/a
artista / cantante / actor / actriz | es bastante / muy / super | independiente
gratificante
interesante
entretenida
fácil
difícil
creativa
activa
sociable
bien pagada
mal pagada
aburrida
monótona |

Primer plato

En busca de trabajo

A *Lee los siguientes anuncios de trabajo. Después rellena la tabla en la página 206 con los detalles de cada trabajo. Algunas casillas no se pueden rellenar.*

1

Secretaria/o de departamento

<u>Se requiere:</u> persona con conocimientos de alemán e inglés.
<u>Sus funciones serán:</u> la correspondencia con clientes, el seguimiento administrativo de asuntos, la preparación de viajes, las presentaciones, etc.
<u>Contrato:</u> Jornada completa
<u>Idioma:</u> En inglés se requiere nivel de conversación alto, nivel de lectura alto y nivel de escritura alto.
<u>Conocimientos informáticos:</u>
En Word se requiere nivel Usuario.
En Excel se requiere nivel Usuario
En PowerPoint se requiere nivel Usuario
<u>Perfil del candidato:</u>
Titulación básica: COU

2

Técnico/a contable con manejo de Contaplus

<u>Requerimos</u> persona con estudios administrativos o contables con alto manejo del programa Contaplus para desarrollar tareas administrativas y contables en empresa.
<u>Contrato</u> de media jornada ampliable.
<u>Posibilidad de trabajo</u> mañana o tarde.
<u>Zona</u> Madrid centro.
<u>Perfil del candidato:</u>
Titulación: Indiferente
Curso: Segundo de carrera
Conocimientos informáticos:
En Word se requiere nivel Avanzado
En Access se requiere nivel Avanzado
En Internet se requiere nivel Avanzado
<u>Otros requisitos:</u>
Imprescindible experiencia demostrable con programa Contaplus
Interesados envíen currículum a avanza_formacion@telefonica.net

3

Puesto requerido: Farmacéutico/a

<u>Descripción:</u> <u>Solicitamos</u> un(a) licenciado/a en Farmacia para trabajar en una farmacia ubicada en Cienpozuelos.
<u>Buscamos</u> una persona con experiencia previa en una farmacia o en un hospital.
<u>Se ofrece</u> sueldo acuerdo al puesto y negociable en función de la experiencia, con posibilidad de bonus adicional en función de resultados y/o responsabilidades asumidas.
<u>Población:</u> Cienpozuelos; Provincia: Madrid; País: España
<u>Tipo Contrato:</u>
Duración: A negociar
Jornada Laboral: completa o media <u>Salario:</u> A negociar
Disponibilidad viajar: No
Nº de vacantes: 2
<u>Perfil del candidato:</u>
Titulación: Farmacia o Medicina
Curso: Licenciado o en los últimos cursos de carrera
• Conocimientos Informáticos
En Internet se requiere nivel Avanzado
En Windows se requiere nivel Avanzado

4

Puesto requerido: Profesor(a) Clases Particulares

<u>Descripción:</u> Empresa de Formación con sede en Madrid requiere licenciados en Filología / Lingüística o en últimos años de carrera para trabajar como profesores particulares de alemán, francés e inglés.
Sólo para la provincia de Madrid. <u>Ofrecemos</u> buenas condiciones económicas, flexibilidad horaria, seriedad en el pago, trabajo continuo garantizado.
<u>Requerimos</u> experiencia previa en el área de la educación demostrable en la entrevista personal.
<u>Contrato:</u> Jornada: Media jornada. Imprescindible disponibilidad de tarde.
Disponibilidad viajar: No. Nº de vacantes: 1
<u>Perfil del candidato:</u>
Titulación: Indiferente
Curso: Tercero / Cuarto / Quinto
• <u>Otros requisitos:</u> Interesados pueden concertar entrevista personal en el teléfono 915061636 o mandar su currículum por email a avanza_formacion@telefonica.net.

	Secretaria/o	Técnico/a contable	Farmacéutico/a	Profesor(a) Clases Particulares
Funciones				
Se requiere				
Contrato de jornada				
Zona				
Perfil del candidato				
Se ofrece				
Idiomas que se piden				

B   *Mira los verbos que usan los anuncios de trabajo y relaciona las columnas.*

Forma impersonal: Se + 3ª persona	**Nombres**	**Infinitivos en inglés**
se requiere ❑ ❑	**1** la búsqueda	**a** to ask for, to solicit
se busca ❑ ❑	**2** el requisito	**b** to offer
se solicita ❑ ❑	**3** el ofrecimiento / la ofrenda	**c** to look for
se ofrece ❑ ❑	**4** la solicitud	**d** to request

A   *Ahora escucha las conversaciones y decide de qué anuncios hablan.*

Diálogo 1: trabajo número ____   Diálogo 2: trabajo número ____
Diálogo 3: trabajo número ____   Diálogo 4: trabajo número ____

B   *Después escucha los diálogos otra vez y marca con una X la casilla del trabajo que quiere cada persona.*

¿Qué trabajo quiere cada persona?						
	Alicia	Diálogo 1: Robert	Diálogo 2: Víctor	Diálogo 3: Mario	Diálogo 3: César	Diálogo 4: José
Secretaria/o						
Técnico/a contable						
Farmacéutico/a						
Profesor(a) Clases Particulares						
Agencia Inmobiliaria						
Camarero/a						

 **solo 3** *Une las frases de las dos columnas correctamente en relación al diálogo anterior.*

1 A Alicia le

2 La función de Víctor

3 El trabajo de farmacéutico

4 Mario

5 José

6 El horario de profesor

7 César

a) sería por la tarde.

b) no tendría que desplazarse al centro de Madrid.

c) sería llevar el desarrollo de tareas administrativas y contables con este programa.

d) sería el candidato perfecto para secretario según Alicia.

e) estaría muy cerca de la farmacia.

f) sería ideal para Mario también.

g) preferiría trabajar en una farmacia.

h gustaría encontrar un trabajo en el campo de Inmobiliarias.

Laboratorio de lengua

■ The Spanish Conditional tense corresponds to the English 'would' + verb, and it is formed by adding **-ía**, **-ías**, **-ía**, **-íamos**, **-íais**, **-ían** to the infinitive.

Example: *preferir: preferir**ía**, preferir**ías**, preferir**ía**, preferir**íamos**, preferir**íais**, preferir**ían***

■ The endings for the Conditional are the same for the three conjugations.

■ There are some irregular verbs which undergo a spelling change: *tener (**tendr**ía), venir (**vendr**ía), hacer (**har**ía), poder (**podr**ía), poner (**pondr**ía), decir (**dir**ía), salir (**saldr**ía).*

4 Rellena con un(a) compañero/a las formas que faltan del Condicional de los verbos **trabajar**, **hacer** y **tener**.

	trabajar	hacer	tener
(yo)	trabaja**ría**	har____	tend**ría**
(tú)	trabajar____	har**ías**	tendr____
(él, ella, usted)	trabaja**ría**	har____	tendr____
(nosotros/as)	trabajar**íamos**	har**íamos**	tendr____
(vosotros/as)	trabajar**íais**	har____	tendr____
(ellos, ellas, ustedes)	trabajar____	har**ían**	tendr____

5 Practica con un(a) compañero/a y pregunta sobre los puestos de trabajo anteriores y otros.

Ejemplo:

A ¿Qué tipo de trabajo preferirías hacer?

B Preferiría   dar clases de español / inglés / francés / alemán
trabajar en una farmacia / una biblioteca / una tienda
trabajar como contable
hacer el trabajo de secretario/a
trabajar en un bar de camarero/a
...

A ¿Por qué?

B Porque   puedo trabajar a media jornada
pagan buen sueldo
ofrecen buenas condiciones económicas
ofrecen flexibilidad en el horario
ofrecen seriedad en el pago
ofrecen la posibilidad de bonus de pago
no hay que viajar
es una profesión ... (ver la Actividad 5 en Aperitivo)

6 Practica con tu compañero/a. ¿qué harías en las siguientes situaciones?

1   Estás solo/a en una isla y puedes llevar sólo una cosa; ¿qué llevarías contigo? y ¿por qué?

a) Llevaría un mechero   **1** porque podría ver por la noche y hacer señales.

b) Llevaría una linterna   **2** porque así comería los primeros días hasta el rescate.

c) Llevaría una lata de comida   **3** porque podría hacer un fuego.

d) Llevaría ...   **4** porque ...

2 Estás en un bar en España y es tu turno, pero una persona dice que es <u>su</u> turno, o sea, se cuela delante de ti. ¿Qué harías?

a) Le diría al   1 persona si es su turno.

b) Estaría callado/a   2 camarero que es mi turno.

c) Preguntaría a la   3 y esperaría el turno siguiente.

d) ...   4 ...

3 Ganas la lotería. ¿Qué harías con el dinero?

a) Iría de vacaciones   1 familia y gastaría el resto.

b) Daría dinero a la   2 muchas cosas y lo gastaría todo.

c) Compraría   3 a un país exótico.

d) ...   4 ...

Ahora intenta dar consejos a un(a) amigo/a. Puedes usar estas expresiones.

> **mirar en el Internet / en el periódico / ...**   **buscar**   **llamar al médico**
> **salir con tus amigos**   **ir a España**   **buscar un profesor particular**
> **comprar los billetes**   **ir en abril**

1 Tu amigo francés quiere aprender español.

4 Quiere ir de vacaciones en agosto.

2 Quiere ir a un país de Europa.

5 Está aburrido/a.

3 Tiene fiebre.

6 Quiere trabajar en Inglaterra.

Ejemplo:

Tu amigo/a Quiero buscar un trabajo.

Consejo Yo (que tú) miraría en los periódicos.

Dilemas morales

Elige la respuesta más adecuada de la columna de la derecha.

¿Qué harías si...

1 encuentras una cartera con 100€?   **a)** (no) leerlo

2 encuentras el diario de tu novio/a?   **b)** (no) llevarlo/la a la comisaría

3 te devuelven más dinero de lo que te deben en la tienda?   **c)** (no) devolverlo

4 encuentras unas entradas para tu concierto favorito?   **d)** (no) ir a verlo

5 llevas más de 30 kilos de peso en la maleta?   **e)** (no) decírselo a la azafata

Ejemplo:

A ¿Qué harías si encuentras una cartera con 100€?

B La llevaría a la comisaría.

Relaciona las secciones del currículum de Víctor con los consejos de abajo.

1 Nombre y dirección

Nombre	Víctor
Apellidos	Pascual García
Dirección	C/ Orense 30 – 6º B
Teléfono	91 5788764
Nacionalidad	Española

2 Objetivo profesional

Me interesa el trabajo de Técnico Contable porque tengo la experiencia y la licenciatura que requiere este trabajo.

3 Datos de formación

2006 –	Año en Inglaterra (Manchester) con el proyecto Erasmus.
2003 – 2005	Cursos de 1º y 2º de Económicas en la Universidad Complutense de Madrid
1999 – 2003	Curso superior de Bachiller y C.O.U. en el Instituto Ramiro de Maeztu.

4 Experiencia laboral

2004 – 2005	Asistente administrativo para empresa de marketing
2003 – 2004	Ayudante de Biblioteca

5 Datos personales

Fecha de nacimiento	27 / 6 / 1985
Lugar	Madrid
Estado civil	Soltero
Idiomas	Inglés (nivel de conversación alto, nivel de lectura alto y nivel de escritura alto)

A Aquí podrías incluir también cursos de formación no reglada, si están en relación con el puesto que solicitas. Sería buena idea hacer dos apartados, uno para la formación reglada o académica (licenciaturas, diplomas) y otro para la no reglada (no oficial, cursos, congresos, seminarios ...).

B Necesitas especificar qué idiomas hablas y el dominio.
Menciona las aficiones sólo si están en relación con el puesto.
Podrías mencionar publicaciones o becas, si tienen que ver con el puesto.

C Aquí deberías escribir el nombre completo como aparece en el pasaporte.
Sería conveniente incluir tu dirección de email.

D Se recomienda confirmar qué tipo de trabajo se quiere.
También podrías describir el tipo de empresa para la que deseas trabajar y las cualidades que tienes en relación al empleo.

E Aquí escribe todos los detalles de las empresas donde has trabajado.
También podrías incluir trabajos de estudiante si ofrecieron algo positivo en tu formación.

¿Le falta algo en las secciones?

10 *Escribe un currículum para Robert basado en los datos del cuadro.*

Nombre y dirección

¿Has escrito el nombre completo como aparece en su pasaporte?

¿Has incluido su dirección de email?

Objetivo profesional

¿Has confirmado qué tipo de trabajo quiere y el tipo de empresa para la que desea trabajar?

¿Has escrito las cualidades que tiene Robert en relación al empleo?

Datos de formación

¿Has incluido cursos de formación no reglada en relación con el puesto que solicita?

¿Has hecho dos apartados, uno para la formación reglada o académica y otro para la no reglada (no oficial, cursos, congresos,...)?

Experiencia laboral

¿Has escrito todos los detalles de las empresas donde ha trabajado Robert?

¿Has incluido los trabajos de estudiante de Robert?

Datos personales

¿Has especificado qué idiomas habla y el dominio que tiene de ellos?

¿Has mencionado las aficiones en relación con el puesto?

¿Ha escrito publicaciones o tenido becas?

- Lengua nativa: Inglés
- Robert Davison
- 17/6/1985
- Informática, deportes, lectura
- Español (todas las destrezas a nivel avanzado)
- Británica
- 2006 Año en España con Erasmus, Universidad Complutense de Madrid
- Soltero
- Trabajo solicitado: Ayudante de la sección de Informática
- 2004-2005 Trabajé en la cafetería de la universidad en Leeds
- 2003-2004 Trabajé de vendedor en tienda de ordenadores
- 2003-2005 3º (Curso) de Lingüística y Español en la Universidad de Leeds
- Conocimiento de francés a nivel intermedio
- 2004 Diploma en programación
- Estudios de bachillerato en asignaturas de literatura inglesa, negocios e infomática.
- 64 Castle Street, Chorlton, Manchester
- 0161 798 6778
- robertdavison@tiscali.co.uk

11 *Primero lee las preguntas e intenta contestarlas. Después escucha el diálogo de la entrevista de trabajo de Robert y decide cuál es la respuesta correcta.*

1 Robert es estudiante de:
- 2º de Lingüística.
- 3º de Lingüística y Español.
- Diploma de programación.

2 Robert sabe hablar:
- inglés a nivel de nativo y español y francés a nivel avanzado.
- inglés a nivel de nativo, español bien y un poco de francés.
- inglés y francés muy bien y un poco de español.

3 A Robert le gustaría el trabajo de Ayudante de la sección de Informática porque:
- no ha trabajado nunca con ordenadores y quiere adquirir experiencia.
- le gusta la informática y en el colegio estudió informática.
- está estudiando informática en este momento.

4 Robert:
- no ha trabajado nunca en este campo de la informática, excepto en una tienda de ordenadores.
- nunca ha estudiado informática y lo que quiere es trabajar en una tienda de ordenadores.

12 *Ahora completa las frases de la izquierda con las de la derecha. Después escuchad el diálogo otra vez y confirmad las frases.*

1 Veo que

2 ¿Qué idiomas

3 Sé hablar

4 ¿Por qué le gustaría

5 Porque me gusta

a) inglés, español y también un poco de francés.

b) hacer este trabajo?

c) la informática.

d) es estudiante.

e) sabe hablar?

13

A *Ahora escribe tu propio currículum vitae, basado en los dos anteriores.*

B *En grupos, escribid una descripción de una persona imaginaria. Luego intercambiad la descripción con otro grupo y decidid cuál es el mejor trabajo para esa persona. Usad las expresiones a continuación.*

Ha trabajado en: un restaurante   una compañía similar   la enseñanza
la administración   un hospital   un barco
una editorial ...

Tiene: buena presencia   buen trato con la gente   estudios de ...
conocimientos de ...   experiencia en ...   ...

Es una persona: seria   formal   responsable   simpática   lista
trabajadora   con mucha iniciativa

Sabe / Tiene conocimentos de: idiomas a nivel avanzado / intermedio /
de principiantes   informática
programas de música
tratar con la gente
la organización de hospitales ...

Le interesa(n) / Le gusta(n): enseñar   programar   la medicina
trabajar en ciudades diferentes   ...

Y por eso le daríamos el trabajo de:
camarero/a   programador(a)   profesor(a)   administrativo/a   médico/a
pintor(a)   capitán(a) de barco   relaciones públicas de discoteca
escritor(a)   músico/a   ...

Segundo plato

Los planes para el próximo año

en pareja 1

Éstos son los propósitos para el futuro de algunas personas de diferentes países. Relacionad los planes con las frases correspondientes en infinitivo.

1 Lucía García Díaz (22 años) Estudiante de Económicas. Chile.
Terminaré la carrera con buena nota en mi país, pero antes estaré un año en España, viajaré mucho y aprovecharé el tiempo.

2 Rodrigo Álvarez Pascual (18 años). Estudiante. Madrid.
Jugaré y entrenaré al fútbol para ser profesional. Dentro de unos meses haré una prueba para entrar en un equipo. Si no me eligen, seré profesor de educación física.

3 Roberto Morey (19 años). Estudiante de veterinaria. Barcelona.
Me he propuesto hacer muchas cosas. Primero, terminaré la carrera, luego conseguiré un trabajo, después viajaré por diferentes países.

4 Carlos Sánchez y Eva García. Profesores de inglés (32 años). Perú.
Normalmente nos fijamos metas generales, pero el próximo año iremos a México y buscaremos trabajo en colegios. Estamos seguros de que encontraremos trabajo sin problema.

5 Araceli Díaz (34 años). Abogada. Argentina.
El próximo año trabajaré menos horas, pero lo más importante es el aspecto social y sentimental, tendré que salir más para conocer a más gente y encontrar a mi príncipe azul. Estoy segura de que le encontraré algún día.

a) Mi principal objetivo es jugar y entrenar al fútbol. Quiero hacer una prueba para formar parte de un equipo profesional.

b) En el aspecto social y sentimental mi meta principal es salir para conocer a más gente y encontrar a mi pareja. En el trabajo, tengo que trabajar menos horas.

c) El año que viene queremos ir a México y buscar puestos en colegios. Seguro que vamos a encontrar trabajo sin dificultad.

d) Quiero terminar veterinaria, conseguir un trabajo y viajar.

e) Después de estar un año en España, viajar y aprovechar el tiempo, me he propuesto terminar con éxito mis estudios en mi país.

vocabulario

aprovechar: *to make good use of*
buscar: *to look for*
la carrera: *degree course, career*
conseguir: *to get*
encontrar (ue): *to find*
terminar: *to finish*
las metas: *aims*

2 Encuentra los verbos que expresan los planes futuros y escríbelos al lado de su infinitivo correspondiente.

terminar _____   viajar _____

estar _____   aprovechar _____

jugar _____   entrenar _____

buscar _____   encontrar _____

conseguir _____   trabajar _____

tener _____   hacer _____

ser _____   ir _____

¿En qué persona están?

3 Relaciona los planes en inglés con los planes en español.

1 Terminaré la carrera de veterinaria, conseguiré un trabajo y viajaré.

2 Trabajaré menos y saldré más.

3 Viajaré y terminaré mi carrera.

4 Entrenaré y terminaré mis estudios.

5 Iremos a México, buscaremos trabajo de profesores.

a) I will work less and go out more.

b) I will train and finish my studies.

c) I'll finish my veterinary degree, I'll get a job and I'll travel.

d) We'll go to Mexico and we'll look for teaching jobs.

e) I'll travel and finish my degree.

4 Relaciona cada persona con sus planes y luego escúchalos para confirmarlos.

1 Lucía García Díaz

a) terminará la carrera de veterinaria, conseguirá un trabajo y viajará.

2 Rodrigo Álvarez Pascual

b) trabajará menos y saldrá más.

3 Roberto Morey

c) viajará y terminará su carrera.

4 Carlos Sánchez y Eva García

d) entrenará y terminará sus estudios.

5 Araceli Díaz

e) irán a México, buscarán trabajo de profesores.

solo 5 *Rellena las formas del futuro que faltan.*

	terminar	ver	ir
(yo)	terminar	ver____	ir____
(tú)	terminarás	ver____	irás
(él, ella, usted)	terminará	ver____	ir____
(nosotros/as)	terminar____	ver____	ir____
(vosotros/as)	terminar____	veréis	ir____
(ellos, ellas, ustedes)	terminarán	ver____	irán

¿Puedes deducir cómo funciona el Futuro?

El Futuro

■ This tense is used to indicate plans in the future. It corresponds to the English 'shall / will' + verb. Like the Conditional, it is formed by adding the endings to the infinitive, and there is only one set of endings for the three types of infinitives.

Example: *hablar: hablar**é**, hablar**ás**, hablar**á**, hablar**emos**, hablar**éis**, hablar**án***

■ Irregular verbs use the same root as the Conditional.
*tener: **Tendr**é que escribir el currículo para este trabajo.*
*hacer: **Har**é la carta mañana.*
*salir: **Saldr**é con mis amigos mañana.*

solo 6 *Escribe diez propósitos nuevos para el futuro. Explica cómo los vas a conseguir.*

Ejemplo: Viajaré a América Latina. Primero voy a aprender español y a trabajar para pagar el viaje.

★ Nota cultural

In order to obtain a job with a private company in Spain, you will need to send a CV, along with a letter of application (**una carta de presentación**). If, on the other hand, you want to work for the state, you will have to take a special examination called the **oposición**. All sorts of people work in the public sector who would not do so in the UK, including post office workers and teachers as well as local authority employees and civil servants. They are all known as **funcionarios**. You can apply to work in the different federal states (**autonomiás**), but if you wish to work in Galicia, Cataluña, Valencia, Mallorca or the Basque country (**el País Vasco**) you must have a good knowledge of the regional language. These jobs are advertised in the **Boletín Oficial del Estado** (the **B.O.E.**) and they are open to all Spaniards and nationals of the European Community. The advertisements specify the type of examination to be taken; this can be by **oposición** (with more than one test taken into account), or by **concurso**, (which takes into account the results of one examination only), or by a mixture of both. The B.O.E. also specifies the number of jobs available, the subjects around which the exams will be based and the candidate's profile. These types of public sector posts are highly desirable as they are permanent and secure, but they don't offer such high salaries as those in the private sector.

Postre

La carta de presentación

A *Lee las cartas de presentación de Lucía y de Roberto y completa la tabla de enfrente según la información.*

Lucía García Díaz
C/ De los Olivos No 24 3º izq
Santiago
Chile

Santiago, 15 de junio de 2006

Con referencia al anuncio en la Gaceta Universitaria con fecha de hoy, tengo el placer de solicitar el puesto de ...

Tengo veintidós años y soy chilena. Estudio segundo de Económicas en la Universidad de Santiago pero voy a estar un año en España y me interesaría adquirir experiencia en este tipo de trabajo ya que creo que cumplo los requisitos necesarios para llevarlo a cabo. Tengo conocimientos del programa Contaplus y el año pasado trabajé en una empresa como administrativo donde adquirí experiencia en el mismo.

Le agradecería tuviera en cuenta mi solicitud.

Adjunto le incluyo el currículum vitae.

Le saluda atentamente

Lucía García Díaz

Roberto Morey
C/ Diagonal 23
Barcelona

Barcelona, 15 de junio de 2006

Con referencia al anuncio en la Gaceta Universitaria con fecha de hoy, me gustaría solicitar el puesto de ...

Tengo diecinueve años y soy catalán. Estudio segundo de Veterinaria en la Universidad de Barcelona.

Me interesa adquirir experiencia en este tipo de trabajo y creo que reúno las condiciones necesarias para solicitarlo.

Sé inglés a nivel alto, de conversación, de lectura y de escritura. Tengo conocimientos de alemán a nivel de lectura. Además conozco los programas de Excel y de Power Point. También he trabajado como vendedor y en trabajos de marketing.

Le agradecería tuviera en cuenta mi solicitud.

Adjunto le incluyo el currículum vitae.

Le saluda atentamente

Roberto Morey

	Lucía	Roberto
Edad		
Nacionalidad		
Estudios		
Conocimientos		
Trabajos		

B   *Ahora decide con un(a) compañero/a qué trabajo de la Actividad 1 (del Primer Plato) quieren solicitar.*

2   *Ahora completa las frases de la primera columna con las expresiones adecuadas de la segunda.*

1	Con referencia	**a)**	le incluyo el currículum vitae.
2	Tengo el placer de	**b)**	experiencia en este tipo de trabajo.
3	Cumplo los requisitos	**c)**	atentamente
4	Me interesa adquirir	**d)**	en una empresa como administrativo.
5	Tengo	**e)**	al anuncio …
6	Reúno las condiciones necesarias	**f)**	en cuenta mi solicitud.
7	Le agradecería tuviera	**g)**	como vendedor y …
8	Adjunto	**h)**	para llevarlo a cabo.
9	Trabajé	**i)**	para solicitarlo.
10	He trabajado	**j)**	conocimientos de …
11	Le saluda	**k)**	solicitar el puesto de …

¿Qué crees que significan en inglés? ¿Cómo las traducirías?

3   *Con un(a) compañero/a escribid una carta de solicitud para Robert Davison (Primer Plato, Actividad 10).*

4   *Ahora escribe una carta de solicitud para un trabajo en España con tus datos personales.*

Café

Pronunciación y Ortografía

La 'h'

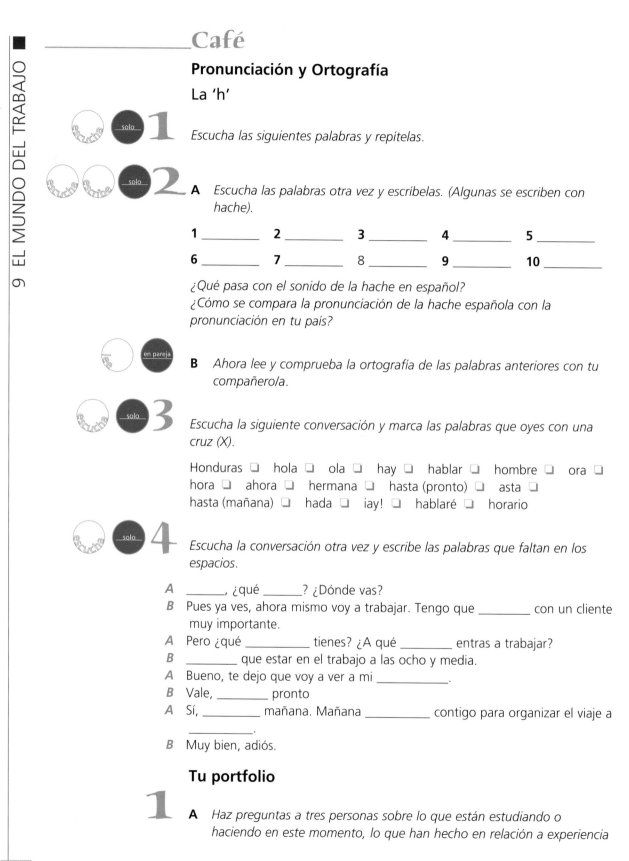

1 *Escucha las siguientes palabras y repítelas.*

2 **A** *Escucha las palabras otra vez y escríbelas. (Algunas se escriben con hache).*

1 _____ **2** _____ **3** _____ **4** _____ **5** _____

6 _____ **7** _____ **8** _____ **9** _____ **10** _____

¿Qué pasa con el sonido de la hache en español?
¿Cómo se compara la pronunciación de la hache española con la pronunciación en tu país?

B *Ahora lee y comprueba la ortografía de las palabras anteriores con tu compañero/a.*

3 *Escucha la siguiente conversación y marca las palabras que oyes con una cruz (X).*

Honduras ❑   hola ❑   ola ❑   hay ❑   hablar ❑   hombre ❑   ora ❑
hora ❑   ahora ❑   hermana ❑   hasta (pronto) ❑   asta ❑
hasta (mañana) ❑   hada ❑   ¡ay! ❑   hablaré ❑   horario

4 *Escucha la conversación otra vez y escribe las palabras que faltan en los espacios.*

A _____, ¿qué _____? ¿Dónde vas?
B Pues ya ves, ahora mismo voy a trabajar. Tengo que _____ con un cliente muy importante.
A Pero ¿qué _____ tienes? ¿A qué _____ entras a trabajar?
B _____ que estar en el trabajo a las ocho y media.
A Bueno, te dejo que voy a ver a mi _____.
B Vale, _____ pronto
A Sí, _____ mañana. Mañana _____ contigo para organizar el viaje a _____.
B Muy bien, adiós.

Tu portfolio

1 **A** *Haz preguntas a tres personas sobre lo que están estudiando o haciendo en este momento, lo que han hecho en relación a experiencia* *de trabajo, lo que harán a largo plazo, sus planes, y lo que van a hacer para conseguirlos.*

	Persona 1	Persona 2	Persona 3
¿Qué estás haciendo o estudiando en este momento?			
¿Qué trabajos has hecho?			
¿Qué planes tienes para el futuro?			
¿Qué vas a hacer para conseguir tus planes?			

B *Ahora escribe la descripción de una de estas personas en forma de párrafo, incluyendo también la descripción física y su personalidad.*

C *Decide qué tipo de trabajo les darías a cada uno y por qué.*

2

Haz una pequeña encuesta a diez personas, sobre qué harían con un premio de lotería de 6.000 €. Agrupa las respuestas según las siguientes categorías y escríbelas en forma de párrafo.

1 Comprarían ...   **2** Viajarían por ...   **3** Darían dinero a su familia ...

3

A *Escribe un anuncio de demanda de trabajo para ponerlo en el tablón de anuncios de tu departamento. Escribe el tipo de trabajo que quieres, tus requisitos, lo que ofreces, y tu número de teléfono o correo electrónico.*

B *Busca una oferta de trabajo del Internet o de un periódico inglés. Traduce los puntos principales a español, como el tipo de trabajo, lo que ofrecen, lo que piden.*

4

Busca un anuncio de trabajo en España y escribe tu currículum con la carta de solicitud.

Sobremesa cultural

La vida laboral

1

Relaciona los titulares de artículos españoles con sus traducciones en inglés.

1 Certificado de empresa familiarmente responsable

a) Never-ending work schedules

2 Y lo que queda por conseguir

b) There are more of us in ...

3 Horarios sin salida

c) A certificate for family-friendly companies

4 Somos mayoría en ...

d) What remains to be achieved

2 *Lee los siguientes artículos. ¿Qué titular crees que corresponde a cada uno? No necesitas entender todo.*

A

España todavía mantiene sus largas horas laborales. A Raúl Hernández, riojano de 28 años que vive en Madrid, le gustaría llegar temprano a casa. Es director comercial de una inmobiliaria y trabaja demasiadas horas en la oficina, debido, en parte a las largas pausas de mediodía. Desaprovecha dos horas de trabajo mientras come con clientes. Raúl sabe que la mayoría de sus colegas europeos tiene un horario concentrado – sin largas comidas – que les permite cerrar la oficina a las seis de la tarde; pero en España, los horarios son diferentes a los europeos. La gente está en el trabajo muchas horas, come con la familia o en el restaurante, cena muy tarde y se va tarde a la cama y aún así, por la mañana tiene que levantarse temprano.

ADAPTED FROM ARTÍCULO EL PAÍS, DOMINGO 20 DE FEBRERO DE 2005 (Lola Galán)

B

Este es el título que se dará a las empresas si favorecen la conciliación entre vida laboral y familiar. Lo concederá el Ministerio de Trabajo y Asuntos sociales como propuesta de la Fundación y Familia. La certificación mirará las posibilidades de flexibilidad de horarios, los beneficios sociales que puede conceder la empresa – como seguros de vida, planes de jubilación o seguros médicos. También tendrá en cuenta las políticas de apoyo o ayuda profesional para adaptar el trabajo a las necesidades de la familia, así como las políticas de servicio para reducir la carga de trabajo extra laboral del empleado.

(ADAPTED FROM REVISTA MÍA: NO 913 SEMANA DEL 8 AL 14 DE MARZO DE 2004.TEXTO DE RAQUEL MULAS DE LA PEÑA)

C

La universidad española está llena de mujeres. Actualmente representan el 53,41% de todo el alumnado universitario. Además, en general, las mujeres obtienen mejores notas y se preparan para un futuro profesional en el que tendrán cada vez puestos de mayor importancia. Pero también en otros sectores las mujeres son mayoría. En la enseñanza (ya que el 59,1% de los docentes son mujeres) y en la judicatura, pues el 54,6% de los jueces son mujeres. También la función pública tiene su participación femenina. En el año 2000 las mujeres funcionarias superaron el 50%; sin embargo, su participación en los altos cargos de la Administración Pública es sólo del 16,38%.

(REVISTA MÍA: NO 913)

D

No hay duda de que la mujer ha alcanzado en los últimos años cotas de participación muy altas en diferentes sectores económicos, pero todavía queda mucho por hacer. Por ejemplo, cuando suben las cifras del paro, es debido al empleo femenino. Así el número de parados registrados en las oficinas del INEM subió en 50.481 personas en enero de 2004; de ellos, 49.455 fueron mujeres, y los 1.026 hombres. También, las mujeres siguen firmando mayoritariamente contratos temporales. Las estadísticas afirman que el 80% de este tipo de contratos están en manos de mujeres.

Ahora anota tres puntos importantes sobre las mujeres trabajadoras en España.

1 _____

2 _____

3 _____

Repaso

Ahora sabes

* ★ **Describir a personas y sus profesiones**
* ★ **Expresar gustos y preferencias sobre trabajos**
* ★ **Dar consejos**
* ★ **Escribir un CV**
* ★ **Hablar de tu experiencia en una entrevista de trabajo**
* ★ **Hablar sobre planes futuros**
* ★ **Escribir una carta de solicitud para un trabajo**
* ★ **Usar el Condicional y el Futuro de verbos regulares y de algunos verbos irregulares**

Ahora haz los siguientes ejercicios y repasa el material que no entiendas antes de pasar a la Unidad 10.

1

A *Lee los siguientes tipos de trabajos de sectores con futuro y después contesta las preguntas de la página 222.*

Estos son algunos de los trabajos que se consideran con futuro si quieres montar tu empresa.

Negocios de proximidad
Estos son empresas de servicios y comercios cercanos al domicilio de los clientes. Hay desde servicios de atención a la tercera edad, cuidados de animales domésticos o la jardinería, hasta las pequeñas tiendas de reparaciones y comida preparada.

Nuevas Tecnologías
Son compañías que viven en el Internet. Sin duda el Internet será y es el mayor escaparate mundial a largo plazo.

Comercio
Las compañías de franquicias que tendrán más futuro serán las de cosmética, masajes y hostelería.

Ocio y turismo
El futuro estará en el turismo rural, cultural y de salud. También habrá futuro en las empresas de restauración y artesanía.

(ADAPTED FROM REVISTA MÍA: NO 913 SEMANA DEL 8 AL 14 DE MARZO DE 2004)

vocabulario

el escaparate: *shop window*
montar un negocio: *to start up a business*

B   *Haz estas preguntas a tu compañero/a.*

A   ¿Qué trabajo montarías si ...   **B** Montaría un negocio de...

quieres trabajar con animales? eres jardinero? eres ingeniero? eres cocinero?
eres artista? tienes experiencia en hoteles?
eres experto en diseño y en programación computacional?
tienes propiedades rurales? tienes un diploma de esteticista?

C   *Ahora practica a explicar tus preferencias.*

Ejemplo:
A   ¿Qué trabajo preferirías?
B   Preferiría el trabajo de ... porque ...

2

Completa las frases siguientes con el Condicional del verbo entre paréntesis.

1 Yo (preferir) _____ vivir en España. Allí (trabajar) _____ de profesor
de inglés.

2 ¿Qué trabajo (hacer) _____ tú?

3 Yo (poder) _____ hacer programas especializados de computación para
empresas.

4 Tú (tener) _____ que estudiar Programación computacional en la
universidad ¿no?

5 También (gustarme) _____ viajar por muchos países, así (conocer)
_____ a mucha gente diferente.

3

Completa las siguientes frases con el futuro del verbo entre paréntesis.

1 Alicia seguramente (conseguir) _____ el puesto en una compañía
Inmobiliaria que quiere.

2 Creo que Robert (dar) _____ clases particulares de inglés, porque así
(poder) _____ viajar por muchos países del mundo y (aprender) _____
muchas cosas de diferentes culturas.

3 Al final, Víctor (trabajar) _____ como Técnico contable, porque tiene
conocimientos de idiomas y además ha hecho una licenciatura en
Económicas.

4 Mario (tener) _____ que solicitar el puesto de farmacéutico, porque tiene
experiencia y está estudiando la carrera de medicina.

5 César no (tener) _____ que viajar o desplazarse al centro porque
seguramente (conseguir) _____ el puesto de farmacéutico con Mario.

6 José no (solicitar) _____ el puesto de secretario, porque seguramente
(continuar) _____ estudiando para conseguir un trabajo mejor.

7 Todos (continuar) _____ siendo amigos y (salir) _____ juntos a tomar
una copa.

8 Vosotros (seguir) _____ aprendiendo español hasta el nivel avanzado.

Vocabulario

Nombres	Nouns		
el/la abogado/a	lawyer	gordo/a	fat
la beca	scholarship	gratificante	gratifying
la busca	search	independiente	independent
el candidato	candidate	interesante	interesting
la carrera	degree course, career	largo/a	long
el conocimiento	knowledge	licenciado/a	graduate
el contrato	contract	listo/a	clever
la correspondencia	correspondence	mal pagado/a	badly paid
el doctorado	PhD / doctorate	monótono/a	monotonous
el empleo	employment	moreno/a	black-haired
la empresa	firm	no reglado/a	unofficial
el equipo	team	pelirrojo/a	red-haired
la escritura	writing	reglado/a	officially recognised
el éxito	success	rizado/a	curly (hair)
la experiencia	experience	rubio/a	blond
el/la extranjero/a	foreigner	serio/a	serious
la formación	training	simpático/a	friendly
la función	function	sociable	sociable
el gasto	expense	tímido/a	shy
la iniciativa	initiative	titulado/a	with a degree
la jornada	day	trabajador(a)	hard-working
la lectura	reading	vestido/a	dressed
la licenciatura	degree		

Verbos / **Verbs**

el maletín	briefcase	buscar	to look for
la meta	aim	cumplir	to comply, to fulfil
el/la novio/a	boyfriend / girlfriend	desplazarse	to move away
el paro	unemployment	encontrar (ue)	to find
el perfil	profile	enseñar	to teach
la profesión	profession	entrenar	to train
la propuesta	proposal	estudiar	to study
el puesto	post, job	gastar	to spend
el requisito	requirement	improvisar	to improvise
la sede	head office	ofrecer	to offer
el sueldo	wage	pagar	to pay
la titulación	degree	proponer	to propose
el trabajo	job, work	requerir (ie)	to require
el turno	turn	sacar buena nota	to get a good mark
		solicitar	to ask
		tratar con la gente	to deal with people

Adjetivos / Adjectives

aburrido/a	bored
activo/a	active
alto/a	tall
bajo/a	short
bien pagado/a	well paid
canoso/a	grey-haired
castaño/a	brown (hair)
corto/a	short
creativo/a	creative
delgado/a	thin
difícil	difficult
elegante	smart
entretenido/a	enjoyable
fácil	easy
formal	responsible

Otras palabras Profesiones / Other words Professions

el/la estudiante de Económicas	economics student
el/la programador(a)	programmer
el/la médico/a	doctor
el/la camarero/a	waiter/waitress
el administrativo	administrator
el/la escritor(a)	writer
el/la contable	accountant
el/la farmacéutico/a	pharmacist
el/la secretario/a	secretary
el/la ingeniero/a	engineer
el/la músico/a	musician

Café

doscientos veintitrés **223**

Expresiones útiles / *Useful expressions*

Español	English
ser buena idea	*to be a good idea*
ser conveniente	*to be convenient*
se recomienda	*it is recommended*
estar seguro de que...	*to be sure that...*
encontrar al príncipe azul	*to meet one's Prince Charming*
cumplo los requisitos	*I fulfil, meet the requirements*
reúno las condiciones	*I fulfil, meet the requirements*
le agradecería	*I would be grateful*
adjunto le incluyo	*I enclose*
Le saluda atentamente	*Yours sincerely*
la jornada laboral	*working day*
la media jornada	*part-time*
la jornada completa	*full-time*
las clases particulares	*private classes*
el nivel de usuario	*user level*
Me dirijo a usted	*I am writing to you*
con referencia al puesto	*with reference to the post*
recientemente anunciado	*advertised recently*

El progreso

Guía de la unidad

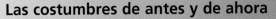

unidad 10 El progreso

En esta unidad aprenderemos a

★ **describir situaciones, personas y objetos en el pasado**

★ **describir los cambios en la sociedad**

★ **hablar de costumbres del pasado**

★ **hablar de las nuevas tecnologías**

★ **hablar de los cambios en tu vida y en la de tus compañeros**

Repaso

solo 1

¿Te acuerdas de qué trabajos tendrán estas personas? Relaciona a cada persona con su futuro trabajo.

1 A Alicia le gustaría encontrar un trabajo en el campo de Inmobiliarias.

2 Víctor tendría como función el desarrollo de tareas administrativas y contables con el programa Contaplus.

3 Mario preferiría trabajar en la farmacia en vez de en un bar.

4 José sería el candidato perfecto para secretario según Alicia, pero mientras estudia le gustaría un trabajo flexible.

5 Robert trabajaría enseñando inglés o en informática.

6 César preferiría trabajar en una farmacia cerca de su casa.

a) Trabajará como farmacéutico cerca de su casa.

b) Estudiará y mientras trabajará de camarero.

c) Será profesor de inglés.

d) Trabajará como Técnico Contable.

e) Solicitará el puesto de farmacéutico.

f) Conseguirá el puesto de Agente Inmobiliario.

Aperitivo

Antes y ahora

 1 *Elegid qué objetos teníamos antes y cuáles tenemos ahora. Añadid más a la lista.*

Antes teníamos: _____

Ahora tenemos: _____

A teléfonos de cable

B radios

C teléfonos digitales

D ordenadores

E televisiones en blanco y negro

F coches deportivos

G periódicos semanales

H la red de Internet

I el correo electrónico o email

J teléfonos móviles

K las cartas

L los carros

M máquinas de escribir

N tocadiscos

Primer plato

¡Ayer perdí la bolsa con el móvil dentro!

en pareja 1

Une el contenido de cada bolsa con la imagen correcta.

1 La bolsa tenía apuntes de la universidad, dos libros, un discman negro y un teléfono móvil. Era azul, de plástico. ❏

2 Yo tenía apuntes de la universidad, un teléfono móvil, dos libros de Empresariales, y una agenda electrónica. Era verde, de piel. ❏

3 Tenía apuntes de la universidad, un teléfono móvil azul y un libro de literatura española. Era rosa, de tela. ❏

4 En la bolsa tenía apuntes de la universidad, unas gafas de sol, un libro de Derecho Mercantil, un teléfono móvil y un ordenador portátil. Era amarilla y blanca, de tela. ❏

a

b

c

d

---

vocabulario

la bolsa: *bag*
los apuntes: *notes*
el libro: *book*
Empresariales: *Business studies*
las gafas de sol: *sunglasses*
Derecho Mercantil: *Commercial Law*
la oficina de objetos perdidos: *lost property office*
perder (ie): *to lose*
tenía (tener): *it had*

Laboratorio de lengua

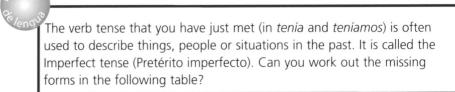

The verb tense that you have just met (in *tenía* and *teníamos*) is often used to describe things, people or situations in the past. It is called the Imperfect tense (Pretérito imperfecto). Can you work out the missing forms in the following table?

tener	
yo	
tú	tenías
él, ella, usted	
nosotros/as	
vosotros/as	teníais
ellos, ellas, ustedes	tenían

2 *Escucha a Begoña describiendo la bolsa que ha perdido. Mira las bolsas de la Actividad 1. ¿Sabes cuál de las cuatro bolsas es?*

3 *Ahora une las preguntas con las respuestas adecuadas.*

1 ¿Es ésta la oficina de objetos perdidos?

2 ¿Qué has perdido?

3 ¿Cómo era?

4 ¿Qué tenías en la bolsa?

5 ¿Dónde estaba?

ser	estar	
		it was
era	estaba	

a) Tenía unos apuntes de la universidad, un móvil azul y también tenía un libro de literatura española.

b) Era una bolsa rosa de tela.

c) Pues, no exactamente, pero tenemos cosas que han perdido los estudiantes.

d) Has tenido suerte. Ayer la encontró un chico, y dijo que la bolsa estaba en la cafetería.

e) Mi bolsa con todas mis cosas.

4 *Lee la descripción de la bolsa de Begoña otra vez (en la Actividad 3).*

1 ¿Qué verbo usa Begoña para describir su bolsa? _____

2 ¿Qué verbo usa para describir el contenido de la bolsa? _____

3 ¿Qué verbo usa el portero para describir la localización de la bolsa?

_____

5 *¿Qué bolsa es? Tú has perdido una de las bolsas de arriba. Descríbesela con todo su contenido a tu compañero/a. Tu compañero/a tiene que adivinar cuál es.*

A *Primero escribid la descripción de vuestras bolsas. Contestad estas preguntas:* **¿Cómo era la bolsa? ¿Qué tenía dentro?**

B *Luego en la clase podéis poner una bolsa por pareja en la mesa del / de la profesor(a) y tenéis que describir la bolsa que habéis perdido. No es necesario incluir los objetos personales. Podéis usar esta tabla.*

La bolsa	era	rojo/a verde	de tela de lana	grande
		blanco/a azul	de piel de algodón	mediano/a
		negro/a gris	de plástico de plata	pequeño/a
		amarillo/a naranja	de madera de oro	
		rosa marrón	de metal	
	tenía	apuntes	un móvil	
		un ordenador	gafas	
		una agenda electrónica	un reloj	
		libros	CDs	
		…		

Ahora rellena con tu compañero/a las formas que faltan de los verbos de la tabla.

	estar	**ser** (irregular)
yo	estaba	era
tú		
él, ella, usted		era
nosotros/as	estábamos	
vosotros/as	estabais	erais
ellos, ellas, ustedes		

¿Quién era? Mirad las imágenes de estas personas de épocas pasadas (página 231). Cada grupo elige una imagen y la describe a la clase. **¿Qué llevaban? ¿Cómo eran?**
Aquí tienes un cuadro explicativo con los adjetivos necesarios.

Era	una persona / un hombre / una señora / un chico/a	(muy) alto/a, bajo/a, gordo/a, delgado/a, calvo ...
Tenía	el pelo	largo, corto, liso, rizado, rubio, castaño, moreno, canoso
	los ojos	bonitos, feos, grandes, pequeños ...
	la boca	bonita, fea, grande, pequeña
	la nariz	puntiaguda, chata, grande, pequeña ...
Llevaba	una camisa / una camiseta / un pantalón / un vestido / una chaqueta / una falda / un jersey / un abrigo ...	blanco, negro, amarillo, azul, verde, marrón, gris corto/a, largo/a ...

1   **2**   **3**   **4**   **5**

Ejemplo:

A: Era un hombre / una mujer / un chico /... Tenía los ojos ... / Llevaba ...

B: ¿Era Chaplin?

A: Sí, era ese.

 **9**

Escucha la conversación sobre los cambios al pasar del colegio a la universidad el primer día de clase. Después rellena la tabla con lo que les sorprendió del primer día en la universidad. Sólo tienes que escribir unas notas.

	En la universidad	En el colegio / instituto
Chico		
Chica		

Segundo plato

Las costumbres de antes y de ahora

solo **1**

Cambios tecnológicos. Mira los dibujos. Une el presente con el pasado.

1

Ahora hablamos por teléfono digital.

a

Antes charlábamos con la gente en una cafetería, o discoteca.

2

Ahora miramos otras cosas en el Internet.

b

Antes mandábamos cartas.

3

Ahora 'chateamos' con gente nueva en el internet.

c

Antes hablábamos por teléfono de cable.

4

Ahora mandamos mensajes por teléfono y por email.

d

Antes mirábamos todo en el periódico.

2 *Primero lee estas frases y después escucha a unas personas hablar de los cambios en la sociedad. Después escúchalas otra vez e indica a qué persona corresponde cada frase, poniendo el número de la persona en la casilla.*

a) Antes la gente usaba más el transporte público, ahora todo el mundo usa coche. ❑

b) Antes la gente joven pasaba el tiempo libre charlando en el parque o en las cafeterías, ahora los jóvenes pasan el tiempo libre delante del ordenador, jugando o 'chateando'. ❑

c) Antes éramos menos en las aulas de la universidad, ahora somos muchos estudiantes en una clase. ❑

d) Antes para investigar algo, mirabas en la enciclopedia, ahora miras en el Internet. ❑

e) Antes los niños leían libros y escribían en papel, ahora leen y escriben en el ordenador. ❑

f) Antes los pisos eran más baratos, ahora son más caros. ❑

3 *Ahora rellena las formas que faltan de los verbos de la tabla.*

	hablar	leer	escribir
yo	hablaba		escribía
tú		leías	
él, ella, usted			
nosotros/as		leíamos	
vosotros/as	hablabais	leíais	
ellos, ellas, ustedes			

solo 4

¿Cómo ha cambiado la vida la tecnología? Lee estas opiniones de personas de todo el mundo. Después indica en la tabla en la página 235 quién dice las frases y lo que dicen sobre cómo era la vida de antes.

1 La tecnología telefónica y de comunicación en general me ha ayudado a tener información a mano rápidamente. Antes la información estaba sólo en libros.
Rodrigo Gallardo, Guayaquil, Ecuador

2 Gracias a la tecnología digital y especialmente a la computadora he podido conocer a amigos cibernéticos, la vida y la historia de otros lugares del mundo. Pero además conocí al amor de mi vida, Carlos, con el cual me casé hace un año. Vivíamos en la misma ciudad, pero nos conocimos a través del ICQ. La tecnología cambió mi vida. Antes no conocía a mucha gente.
Mónica, Villa Carlos Paz, Argentina

3 Estoy mejor informada empleando la red. Consulto noticias nacionales e internacionales. Puedo enviar mensajes a mis amistades y familiares, chatear, etc. Antes no podía hacer esto y no estaba en contacto con tanta gente ni podía consultar las noticias a cualquier hora.
Diana Galindo, Caracas, Venezuela

4 Ahora vivimos con la obligación de responder al email, de atender el celular, de ver la basura del cable. El tiempo libre generado por la tecnología digital lo gastamos en 'atender' la maldita tecnología digital. Antes vivíamos más tranquilos, y no dependíamos de la tecnología.
Carlos Menéndez, Montevideo, Uruguay

5 Desde luego que las cosas ya no son como eran antes, son mejores, mejor comunicados, más unidos. En mi vida diaria no falta un PDA, un portátil, un móvil, un reproductor de MP3, una cámara digital ... Lo que no entiendo es ¡cómo podía vivir hace unos años sin todo esto! Antes no podía hablar con la gente como hablo ahora, no tenía la música, no tenía la facilidad de sacar fotos e imprimirlas yo misma.
Mari José Ulloe, Sestao, País Vasco, España

	¿Qué persona lo dice?	Antes
Ej: Vivimos con la obligación de responder al email, de atender el celular, de ver la basura del cable.	Carlos	Vivíamos más tranquilos.
Me ha ayudado a tener información a mano rápidamente.		
He podido conocer a amigos cibernéticos, la vida y la historia de otros lugares del mundo.		
Las cosas ya no son como eran antes, son mejores, mejor comunicados, más unidos.		
Estoy mejor informada empleando la red.		
Consulto noticias nacionales e internacionales.		
En mi vida diaria no falta un PDA, un portátil, un móvil, un reproductor de MP3, una cámara digital ...		
El tiempo libre generado por la tecnología digital lo gastamos en 'atender' la maldita tecnología digital.		
Puedo enviar mensajes a mis amistades y familiares, chatear, etc.		

5

A *Ahora con tu compañero/a decide qué costumbres eran de antes y cuáles son de ahora.*

B *Después escribe frases sobre tu estilo de vida de ahora y el estilo de vida que llevaban tus padres o abuelos cuando eran jóvenes.*

                                                    Ahora   Antes

1 salir con los amigos hasta más tarde

2 tener más independencia

3 leer información en el ordenador

4 leer información en libros

5 usar el ordenador en la vida diaria

6 usar la agenda y cuadernos de papel

7 tener televisión en blanco y negro

8 tener televisión en color

9 tener un teléfono en casa

10 tener un teléfono móvil

Ejemplo: Antes usábamos una máquina de escribir pero ahora usamos un ordenador portátil.

 **6**

Creencias / supersticiones del pasado. Une cada creencia con su causa. A ver qué pareja termina primero.

1 En la Edad Media comenzó la persecución de estos animales porque solían acompañar a las brujas y la gente pensaba que las representaban, y traían mala suerte. ❑

2 Había muchas en el río Nilo, y los egipcios las asociaban con la renovación de la vida y la fecundidad. ❑

3 En Atenas, era la representación de la diosa de la sabiduría, Atenea. Daba conocimiento y protegía de la ignorancia. ❑

4 La gente pensaba que protegía contra las brujas. Era un símbolo de la cruz. ❑

5 Tocabas esto y te daba suerte. La suerte de esto venía por los trozos de la santa cruz. ❑

6 Este condimento era muy apreciado por los romanos porque mejoraba el sabor de sus comidas, curaba las heridas y pagaba su salario. Tirarla era como perder dinero. ❑

7 En la Edad Media lo usaban para vestir a los enfermos o en las banderas de los lugares con epidemias. ❑

a

El búho

b

El trébol de cuatro hojas

c

El color amarillo

d

La rana

e

La cruz de Madera

f

Tirar sal

g

El gato negro

The Imperfect (2)

The verbs used in Activities 1–6 describe what <u>used to</u> happen. This tense is often translated into English as 'used to': *La gente pensaba / creía que* … People used to think / believe that …

7 solo lee

A *Lee estas notas del tablón de anuncios de la universidad.*

a

Ayer (17 de mayo a las 3.30pm) me robaron el bolso mientras estaba en la estación de tren de Chamartín. Tenía el monedero con dinero, el carné de identidad, el carné de estudiante y el bono del tren.
Por favor, si encuentras algunos de estos documentos, llama al Telf. móvil 609729035

b

La semana pasada perdí el pasaporte, el carné y la tarjeta de crédito mientras viajaba en el tren a Atocha. Estaban dentro de un bolso de piel marrón de chica. Por favor, si los encuentras, ¿puedes llamarme al 07778416678? Gracias

c

Ayer (17 de mayo a las 9.30 a.m.) mientras iba en el autobús a la universidad perdí el bono tren-bus para la zona de Cienpozuelos. Lo necesito para venir a la universidad todos los días. Estaba dentro de una cartera de piel. Si lo encuentras, por favor llámame al 609 335643. Gracias.

d

¡Atención! ¡Hay ladrones en la universidad!
El 17 de abril a las 10 de la mañana me robaron el monedero mientras estaba en la cafetería.
Era un hombre joven de unos veinticinco años. Tenía una marca en la cara. ¡Ha robado ya casi 20 monederos en total!
¡Ten cuidado!

e

¡Busco testigos!
El 20 de febrero tuve un accidente de coche. Yo estaba en la Avenida Complutense y al llegar al cruce con la calle del Profesor Aranguren, el semáforo estaba en verde para mí, así que continué, pero un coche que venía por la calle Prof. Aranguren no paró y me dio un golpe. Era un coche BMW rojo.
¿Vio alguien este accidente? Necesito testigos. Si lo viste, llama al Telf. 91 5790046

B *Relaciona lo que pasó en cada anuncio con las situaciones correspondientes.*

a) Ayer me robaron el bolso (17 de mayo a las 3.30pm).

b) La semana pasada perdí el pasaporte, el carné y la tarjeta de crédito.

c) Ayer (17 de mayo a las 9.30 am) perdí el bono tren-bus para la zona de Cienpozuelos.

d) El 17 de abril a las 10 de la mañana me robaron el monedero.

e) El 20 de febrero tuve un accidente de coche.

1 Iba en el autobús a la universidad. Estaba dentro de una cartera.

2 Estaba en la cafetería. Era un hombre joven de unos veinticinco años. Tenía una marca en la cara.

3 Estaba en la estación de tren de Chamartín. Tenía el monedero con dinero, el carné de identidad, el carné de estudiante y el bono del tren.

4 Yo estaba en la Avenida Complutense. El semáforo estaba en verde para mí. Era un coche BMW rojo.

5 Viajaba en el tren a Atocha. Estaban dentro de un bolso de piel marrón de chica.

C *Ahora escucha a diferentes estudiantes hablar sobre estos anuncios. ¿De cuál hablan?*

1_____ **2**_____ **3**_____ **4**_____ **5**_____

 **8**

Ahora rellena con un(a) compañero/a las formas que faltan de los verbos de la tabla.

	viajar	volver	venir	ir (irregular)
yo			venía	iba
tú	viajabas	volvías	venías	ibas
él, ella, usted	viajaba			
nosotros/as		volvíamos		íbamos
vosotros/as	viajabais		veníais	
ellos, ellas, ustedes		volvían		iban

9

Mira los dibujos de Víctor y Begoña y escribe con tu compañero/a. **¿Qué hacía / hizo Víctor mientras Begoña estudiaba / leía (etc.)?** *Podéis usar estos verbos:*

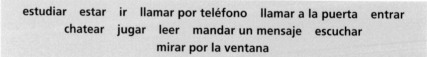

estudiar   estar   ir   llamar por teléfono   llamar a la puerta   entrar
chatear   jugar   leer   mandar un mensaje   escuchar
mirar por la ventana

1

2

3

4

5

6

7

8

Ejemplo: Mientras Begoña estudiaba Víctor jugaba al fútbol.

Laboratorio de lengua

The Imperfect (3)

The imperfect tense can also describe what was going on when something else happened. This can often be translated by 'I was -ing when …'.

Yo estaba estudiando cuando sonó el teléfono.
I was studying when the telephone rang.

en pareja **10**

Clasifica las frases anteriores según las acciones.

Imperfecto + Pretérito indefinido _____
Imperfecto + Imperfecto _____

The Imperfect tense

This tense is used in three ways:

■ to describe the context or the scene in which an action takes place, such as the time, the weather, or someone's emotional or physical state:

Eran las diez. Tenía una bolsa rosa. Estaba cansada.
Era un hombre joven de unos veinticinco años ...
Tenía un móvil en la bolsa.

■ to describe what used to happen:

Cuando yo era niño, buscábamos la información en la enciclopedia.
En mis tiempos, leíamos muchos libros.
Antes, la gente no tenía coche y usaba el autobús.

■ to describe what was happening when another event took place:

Ayer (20 de febrero) tuve un accidente de coche. Yo estaba en la Avenida Complutense y al llegar al cruce me dieron un golpe.
Estábamos en clase cuando de repente entró un chico.
Estaba en mi habitación cuando llamaste por teléfono.

Mira los verbos en Imperfecto de esta unidad. ¿Qué describen? Busca 5 frases para cada una de las siguientes características:

1 the circumstances in which an action took place in the past (time, place, physical description).

2 how things or people used to be.

3 action in progress in the past when another action took place.

Postre

¿Qué solías hacer de joven?

*Escucha a Manuel y a Teresa hablar de cómo era la vida para ellos cuando eran jóvenes y elige la respuesta correcta. Fíjate también cómo puedes usar el verbo **soler** en el Imperfecto para expresar el significado de 'I used to ...'.*

1 Manuel
- **a)** estudiaba y su padre trabajaba.
- **b)** estudiaba y trabajaba porque no tenía padre.

2 Manuel
- **a)** solía estudiar por las noches y trabajar por el día.
- **b)** solía estudiar y trabajar por el día.
- **c)** solía trabajar por las noches y estudiar por el día.

3 Manuel y Teresa
- **a)** solían ir a la piscina los domingos.
- **b)** solían ir a la piscina y luego iban a pasear.

4 Manuel y Teresa
- **a)** tenían que llegar a casa a las doce de la noche.
- **b)** tenían que estar en casa a la hora de cenar.

5 El sereno
- **a)** era un hombre que daba palmadas.
- **b)** era un hombre que abría el portal cuando le llamabas.
- **c)** era un hombre que tenía las llaves de todas las casas de la ciudad.

*¿Qué hacías tú cuando eras niño/a? Pregunta a tu compañero/a, y escribe lo que **solías** hacer cuando eras pequeño/a.*

1 ¿Dónde ibas de vacaciones?

2 ¿Dónde vivías?

3 ¿A qué colegio ibas?

4 ¿Qué te gustaba comer?

5 ¿A qué jugabas con tus amigos?

Postre

★ **Nota cultural**

Los españoles de hoy y de antes ...

Los españoles se caracterizan por su carácter hospitalario y alegre. Invitan a la gente y les ofrecen todo lo que tienen en sus casas. En la comida, continuamente les preguntan si quieren más, y casi se sienten ofendidos si los invitados dicen que no.

Tienen la costumbre de tomar el aperitivo antes de la comida, y de comer entre la 1.30 y las 3.00 del mediodía, y después una pequeña siesta antes de volver al trabajo a las 4.00 de la tarde. Todos los españoles saben que al mediodía la gente come y se relaja con sus familias. Cuando llega alguien que no es de la familia a esta hora, los españoles siempre les ofrecen de comer y les preguntan: '¿Gustas?' Quieren decir '¿Te gustaría comer un poco?' Esta persona suele responder, 'No, ¡que aproveches!'

En la época de la guerra civil la comida no era abundante, y la generación de los abuelos sabía que todo el mundo apreciaría algo de comida. Toda la comida que tenían la repartían entre la familia. Cuando iban de visita, siempre decían que sí a la pregunta '¿Gustas?'. Tenían hambre y comían todo lo que les daban.

Los españoles tienen la costumbre de salir hasta muy tarde, ya que los bares y discotecas permanecen abiertos hasta altas horas de la madrugada. Les gusta disfrutar de la compañía de la gente y charlar sin prisas.

En el centro de las ciudades, la gente vive en apartamentos o pisos, y a ellos se accede por la puerta común que se llama 'portal'. Antes, hasta los años 70, cuando la gente llegaba tarde a casa había un hombre que se encargaba de abrir los portales de los bloques de apartamentos. Se le llamaba gritando '¡Sereno!' y dando palmadas. Él venía y abría el portal. Todo el mundo le conocía.

Los españoles antes eran más nacionalistas, pero ahora son por encima de todo castellanos, vascos, catalanes, gallegos, valencianos, andaluces y luego españoles. Se sienten orgullosos de sus lenguas, y quieren conservarlas como existían antes.

España y las costumbres de los españoles son muy diversas en cada región o en cada lugar.

Contesta las siguientes preguntas.

1 ¿Cuánto tiempo tienen los españoles para comer al mediodía? ¿Cómo se compara eso con tu país?

2 ¿Qué dicen los españoles a una persona antes de comer? ¿Qué se dice en tu país?

3 ¿Por qué crees tú que los españoles salen hasta muy tarde? ¿Qué pasa en tu país?

4 ¿Por qué había un sereno?

5 ¿Sabes qué lenguas se hablan en España?

6 ¿Qué sabes de las siguientes costumbres?

   ■ Los saludos entre españoles.

   ■ Los horarios de comidas.

   ■ Los horarios de las tiendas.

   ■ Las largas despedidas entre españoles.

Pronunciación y Ortografía

La 'b' y la 'v'

1 *Escucha las siguientes palabras. ¿Qué sonido tienen? ¿Qué sonido tienen en tu lengua?*

Bolivia	**Víctor**	**barrio**	**vídeo**	**Begoña**	**bolsa**

2 *Escucha estas palabras. ¿Notas alguna diferencia?*

móvil	**ibas**	**habitación**	**estaba**	**vivía**	**trabajaba**	**Avenida**

When these letters occur in the middle of the word they often have a softer sound.

3 *Escucha las siguientes palabras y escríbelas. (Algunas se escriben con b y otras con v).*

1 _____   2 _____   3 _____   4 _____

5 _____   6 _____   7 _____   8 _____

9 _____   10 _____

Ahora lee y comprueba la ortografía de las palabras anteriores con tu compañero/a.

Tu portfolio

1

A *Haz preguntas a tres personas sobre sus vacaciones cuando eran pequeños.*

	Persona 1	Persona 2	Persona 3
¿Dónde ibas de vacaciones cuando eras pequeño/a?			
¿Con quién ibas?			
¿Qué actividades hacías?			
¿En qué medio de transporte ibas?			

B *Ahora escribe lo que dijo una de estas personas en forma de párrafo. (150 palabras)*

2

A *Escribe un cartel en el tablón de anuncios explicando el robo de tu bolsa con todo el contenido. Explica: cómo era la bolsa; lo que tenías dentro; dónde estabas cuando ocurrió; cómo ocurrió; cómo era el ladrón.*

B *Escribe la descripción de un accidente de coche para pedir testigos. Explica: dónde estabas; cómo era el otro coche; el contexto del accidente.*

C *Escribe la descripción de un objeto que has perdido. Explica: dónde estabas cuando lo perdiste; cómo era.*

3

A *Escribe un párrafo de 150 palabras sobre alguna costumbre de tu país de tiempos pasados en contraste con el presente.*

B *Haz un resumen (cincuenta palabras) de la nota cultural.*

4

A *En grupos: cada grupo elige un tema y explica cómo era antes y ahora. Temas: la tecnología; las casas; la universidad; los coches; la comida; la ropa / la moda; la música.*

B *Después se ponen en común y se habla sobre ellos. Se pueden añadir más cosas.*

C *Por último, escribe un párrafo de 100 palabras sobre lo que se ha explicado.*

Sobremesa cultural

Leed el cuestionario siguiente y podréis ver si os acordáis de los temas estudiados durante el curso. En grupos completad las frases con las palabras más adecuadas. ¡A ver quién gana!

1 En Barcelona se habla: **a)** vasco.

b) catalán.

c) castellano.

2 ¿Qué profesión tiene Pedro Almodóvar? Es: **a)** director de cine español.

b) cantante español.

c) escritor argentino.

3 En Hispanoamérica el teléfono móvil se llama: **a)** teléfono portátil.

b) sin cable.

c) el celular.

4 La esposa del Príncipe de España se llama:

    a) Leticia Ortiz.

    b) Alicia Asturias.

    c) Penélope Ortiz.

5 Las fiestas de los SanFermines son típicas de:

    a) Valencia.

    b) Pamplona.

    c) México.

6 En Chile existe una lengua indígena que se llama:

    a) mapache.

    b) mapuche.

    c) maya.

7 La comida o almuerzo en España se come entre:

    a) las 5.00 y las 6.00 de la tarde.

    b) las 12.30 y la 1.30 del mediodía.

    c) la 1.30 y las 3.00 del mediodía.

8 El refrán 'Para saber hablar, es preciso saber escuchar' significa:

    a) In order to learn how to speak, it's necessary to learn how to listen.

    b) You need to know how to speak and listen.

    c) To talk, it is important to know how to listen.

9 Cantabria está:

    a) en el sur de España.

    b) en el norte de España.

    c) en el este de España.

10 En Yucatán está:

    a) La pirámide de Teotihuacán.

    b) La Plaza de Garibaldi.

    c) La Pirámide de Chichén Itzá.

11 Vasco Núñez de Balboa descubrió el Océano Pacífico en:

    a) mil quinientos noventa y dos.

    b) mil quinientos trece.

    c) mil quinientos treinta y seis.

12 La guerra civil española empezó en:

    a) mil novecientos treinta y seis.

    b) mil novecientos cuarenta.

    c) mil ochocientos treinta y seis.

13 Gabriel García Márquez escribió:

a) 'Al sur de Granada'.

b) 'Cien años de soledad'.

c) 'Mediterráneo'.

14 La salsa tuvo su origen en:

a) Cuba.

b) Nueva York.

c) México.

15 El refrán 'Más vale prevenir que curar' significa:

a) It's time that cures the sick, not ointment.

b) Prevention is better than cure.

c) An ignorant doctor is a careless doctor.

16 El Boletín Oficial del Estado es:

a) un periódico semanal deportivo.

b) donde se anuncian los trabajos del estado (funcionarios).

c) una página de Internet del estado.

17 Cervantes era:

a) un cantante español que cantaba 'Mediterráneo'.

b) un escritor español que escribió 'Don Quijote'.

c) un actor que trabajó en España.

18 Los mayas eran:

a) unas tribus del sur que fueron a Yucatán.

b) unas tribus que venían del norte de México.

c unas tribus que vivían en México.

Repaso

Ahora sabes

★ **Describir situaciones, personas y objetos en el pasado**

★ **Describir los cambios en la sociedad, la tecnología**

★ **Usar el Imperfecto**

★ **Hablar de los cambios en tu vida y en la de tus compañeros**

Haz las siguientes actividades y repasa el material.

1 Mira la tabla; ¿puedes relacionar cada forma verbal con su tiempo?

	Presente	Imperativo	Pretérito	Perfecto	Imperfecto
tienen					
hay					
tenía					
estaba					
era					
me robaron					
me dieron un golpe					
lo necesito					
he perdido					
me han robado					
lo encuentras					
llame					
puedes					
llámame					
póngame					
has tenido					
ha dicho					
vio					
se viste					

2 Escucha las siguientes frases y ordena los dibujos según los cambios en la vida de Begoña.

A

❏

B

❏

C

❏

D

❏

Café

3

Ahora escucha las frases otra vez y marca el tiempo verbal de cada una.

	Presente	Pretérito	Perfecto	Imperfecto
1				
2				
3				
4				
5				
6				

4

A *Lee la sinopsis de esta película española y rellena los espacios con los siguientes verbos.*

a) tenía **b)** iba **c)** encontrarán **d)** se ha inspirado
e) conocen

LA MALA EDUCACIÓN

En este caso, el director ___1___ para escribir esta historia en sus años de niñez, cuando ___2___ a un colegio católico y la influencia que ___3___la enseñanza católica en contraste con la libertad de los años ochenta. En la historia, dos niños, Ignacio y Enrique ___4___ el amor y el miedo en un colegio religioso de los años sesenta. El director del instituto y profesor de literatura, el Padre Manolo (Daniel Giménez Cacho) forma parte de este proceso de aprendizaje y maduración. En el transcurso de la historia, estos tres personajes se ___5___ en dos diferentes épocas.

¿Sabes quién es el director de esta película?

B *Une las frases que explican la sinopsis de la película*

1 Almodóvar de pequeño

2 Almodóvar se inspiró

3 La enseñanza católica

a) en su propia vida, cuando era niño.

b) tenía una gran influencia en los colegios españoles de los años sesenta.

c) iba a un colegio católico.

5

Con un(a) compañero/a practica este diálogo en voz alta. Primero preparadlo juntos.

A ¿Has visto una película últimamente?

B Say you have seen 'La mala educación'. Ask if your friend has seen it.

A No, no la he visto. ¿Es buena?

B Say yes, you liked it a lot.

A ¿De qué trata la película?

B Say it is the story of two boys who used to go to a Catholic school.

A ¿Quién es el director?

B Say it is Pedro Almodóvar. Say your friend should go to see the film, he/she will like it.

A ¿Es sobre la religión?

B Say it is about the influence of Catholic teaching in the 60s in contrast with the freedom of the 80s.

A ¿Ha hecho más películas famosas?

B Say yes, he made 'Mujeres al borde de un ataque de nervios' and 'Hable con ella', and many more.

A Voy a sacar las entradas esta tarde.

B Say you will see him / her later.

6 Ahora escribe en cada casilla una palabra en relación a las nuevas tecnologías.

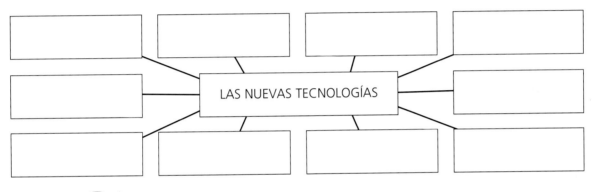

LAS NUEVAS TECNOLOGÍAS

7 Una chica describe un robo. Escucha la conversación con el policía y elige las respuestas correctas.

1 Le han robado:
   a) una bolsa de la compra.
   b) la bolsa que lleva para ir a clase.
   c) una bolsa de plástico.

2 La bolsa tenía:

a) los apuntes del colegio, sus gafas de ver, el móvil, su monedero con unos euros y las llaves de su casa.

b) los apuntes del colegio, un libro, el móvil, su monedero con unos euros, unas pastillas de paracetamol, y las llaves de su casa.

c) los apuntes del colegio, sus gafas de ver, el móvil, su monedero con unos euros, unas pastillas de paracetamol, y las llaves de su casa.

3 La robaron:
   a) el martes por la tarde.
   b) el lunes por la tarde.
   c) el martes por la tarde, sobre las seis de la tarde.

Vocabulario

Nombres	Nouns	Adjetivos	Adjectives
la agenda	diary	cibernético/a	cybernetic
las amistades	friends	electrónico/a	electronic
el amor	love	joven	young
el aprendizaje	(process of) learning	lento/a	slow
los apuntes	notes	portátil	portable
la basura	rubbish	semanal	weekly
la bruja	witch		
el carné	driving licence	**Verbos**	**Verbs**
el carro	carriage	acompañar	to accompany
la cartera	wallet / briefcase	atender (ie)	to answer/attend to
el celular	mobile phone	chatear	to chat on the Internet
el conocimiento	knowledge	consultar	to consult, to check
el correo	post	depender (de)	to depend (on)
el cruce	crossroads	enviar	to send
la cruz	cross	gastar	to spend
la época	period, time	generar	to generate, create
la identidad	identity	imprimir	to print
el ladrón	thief	inspirarse	to be inspired
la libertad	freedom	montar a caballo	to ride a horse
la máquina de escribir	typewriter	perder (ie) dinero	to lose money
la marca	mark	proteger	to protect
el mensaje	message	responder	to answer
el miedo	fright, terror	robar	to steal
el monedero	purse	tirar	to throw away
la niñez	childhood	vestir(se) (i)	to dress (oneself)
el ordenador	computer		
el periódico	newspaper	**Otras palabras**	**Other words**
la rana	frog	además	besides
la red de Internet	Internet	a través	through
la sabiduría	wisdom	desde luego	of course
el semáforo	traffic lights		
el sereno	nightwatchman	**Expresiones útiles**	**Useful phrases**
la suerte	luck	dar suerte	to give luck
la tarjeta de crédito	credit card	tener información a mano	to have information available
el teléfono móvil	mobile phone		(lit: to hand)
el testigo	witness		

Gramática

A   Nouns *Nombres*

1 Gender *Género*

In Spanish, nouns are either masculine or feminine.

a) Nouns ending in **-o** are usually masculine: ***el*** *teléfon**o***

b) Nouns ending in **-a** are usually feminine: ***la*** *fiest**a***

c) Some nouns are irregular:

    la *mano*   ***el*** *mapa*   ***el*** *clima*   ***el*** *problema*   ***el*** *día*

d) Nouns ending in **-dad** and **-ión** are usually feminine:

    la *nacionali**dad***   ***la*** *estac**ión***
    la *universi**dad***   ***la*** *educac**ión***

    Nouns ending in **-e** and **-ista** can be both masculine and feminine:

    el *estudiant**e***   ***la*** *estudiant**e***
    el *dent**ista***   ***la*** *dent**ista***

e) The endings of some nouns can be changed to make them feminine.

    ■ If the noun ends in **-o**, you can change it to **-a**.

      el *chic**o***   ***la*** *chic**a***
      el *abogad**o***   ***la*** *abogad**a***

    ■ If the masculine noun ends in a consonant, add **-a** to form the feminine:

      el *seño**r***   ***la*** *seño**ra***
      el *profeso**r***   ***la*** *profeso**ra***

    ■ Some nouns are irregular:

      el *actor* / ***la*** *actriz*

2 Plural *Plural*

a) Words ending in a vowel add **-s**.

    *el compañer**o***   *los compañero**s***
    *la fiest**a***   *las fiesta**s***
    *el teléfon**o***   *los teléfono**s***

b) Words ending in consonants add **-es.**

    *el seño**r***   *los seño**res***
    *la universida**d***   *las universida**des***

B Articles *Artículos*

1 Indefinite article *Artículo indefinido*

The indefinite article (a,an) has different forms depending on whether the noun is feminine or masculine, singular or plural.

	Singular	Plural
Masculine	**un** compañero	**unos** compañeros
Feminine	**una** compañera	**unas** compañeras

In Spanish, the indefinite article is not used with professions:

Soy profesor de matemáticas.
I am a maths teacher.

Javier es estudiante.
Javier is a student.

Unos (plural) means 'some': *unos estudiantes*

2 Definite article *Artículo definido*

The form of the definite article (the) also varies according to the gender and number of the noun it accompanies.

	Singular	Plural
Masculine	**el** compañero	**los** compañeros
Feminine	**la** compañera	**las** compañeras

■ If the word is feminine and starts with a stressed **a**, it takes the definite article **el**:

*el **a**gua*

■ Spanish uses the definite article with the noun to make generalizations:

***Los** universitarios en España estudian en la ciudad donde viven.*
University students in Spain study in the city where they live.

■ If the definite article **el** is preceded by the preposition **a** it becomes **al**:

*Victor va **al** bar todos los días.*

■ If the definite article **el** is preceded by the preposition **de**, it becomes **del**:

*El estudiante **del** tercer piso se llama Mario.*
*Éste es el piso **del** hermano de José.*

C Adjectives *Adjetivos*

1 Agreement *Concordancia*

In Spanish, adjectives are normally placed after the noun they modify and they need to agree with it in gender and number.

	Singular	Plural
Masculine	el piso es car**o**	los pisos son car**os**
	un chico alt**o**	dos chicos alt**os**
Feminine	la habitación es bonit**a**	las habitaciones son bonit**as**
	una persona simpátic**a**	dos personas simpátic**as**

Some 'colour' words do not change in the singular (**marrón, azul, rosa, lila, gris, verde** and **naranja**), but they do follow the rules for the plural:

> *el coche rosa; los coches rosa**s***
> *la puerta verde; las puertas verde**s***
> *el portal gris; los portales gris**es***

2 Comparative forms *Los comparativos*

To make comparisons in Spanish we use:

a) **más ... que**, where in English we place 'more' before the adjective or add '-er' to it. **Que** means 'than'.

> *La película "Mar adentro" es **más** bonita **que** la película "La mala educación".*

The expression **más ... que** can also be used with nouns and verbs:

> *Un hotel tiene **más** habitaciones **que** una casa.*
> *Las casas rurales me gustan **más que** un hotel.*

b) **menos ... que** is the equivalent of the English 'less / fewer ... than', and can also be used with nouns and verbs as well as with adjectives.

> *Un hotel es **menos** acogedor **que** una casa rural.*
> *Una pensión tiene **menos** habitaciones **que** un hotel.*
> *El hotel me gusta **menos que** la casa rural.*

c) **tan ... como** where the English form is 'as ... as'.

> *Un hotel es **tan** bueno **como** una casa rural.*
> *Una residencia de estudiantes es **tan** ruidosa **como** un apartamento.*

- When used with a noun, the word **tan** changes its form to match it in gender and number:

> *En una residencia hay **tanto ruido** como en un piso.*
> *En la clase de matemáticas hay **tanta gente** como en la clase de literatura.*

*En la clase de español hay **tantos estudiantes** como en la clase de italiano.*
*En Manchester no hay **tantas cafeterías** como en Barcelona.*

■ When used with a verb, **tan** becomes **tanto**:

*Las películas de horror no me gustan **tanto** como las comedias.*

d) **Mejor** is the equivalent of the English 'better'; it matches the noun in number.

*El hotel Miramar es **mejor que** la pensión Las Vistas.*
*Los cafés de Colombia son **mejores que** los cafés de Brasil.*

e) **Peor** is the equivalent of the English 'worse'; like **mejor**, it changes in the plural.

*La pensión Las Vistas es **peor que** el hotel Miramar.*
*Los cafés de Brasil son **peores que** los cafés de Colombia.*

3 Superlative forms *Los superlativos*

a) To form the superlative (e.g. 'the longest', 'the most interesting') in Spanish we use the structure 'the + noun + most + adjective':

la ciudad más bonita de España
las ciudades más bonitas de España
el pueblo más antiguo de España
los pueblos más antiguos de España

Once you know what you are talking about, the noun can be omitted:

¿Cuál es la ciudad más bonita de España? Para mí la más bonita es Santander.

b) Spanish also uses the superlative form of **mejor / mejores** and **peor / peores**:

*Este hotel es **el mejor** de Barcelona.*
*Estas casas son **las mejores** de Salamanca.*
*Esa cafetería es **la peor** del barrio.*
*Eran **los peores** días de mi vida.*

D Numerals *Números*

1 Cardinal numbers *Números cardinales*

a) Cardinal numbers are used to express dates in Spanish:

Hoy es uno de febrero.
Mi cumpleaños es el quince de junio.

b) **Uno** changes according to whether it is masculine or feminine and whether the masculine form accompanies a noun:

Masculine without a noun: uno

¿Cuántos teléfonos móviles tienes? Tengo sólo uno.

Masculine with a noun: un

¿Cuántos teléfonos móviles tienes? Tengo sólo un teléfono.

Feminine: una

¿Cuántas clases tienes los martes? Sólo una / una clase.

c) Numbers from 200 (**doscientos/as**) to 999 (**novecientos/as noventa y nueve**) have a masculine or a feminine form according to gender.

*En la biblioteca hay más de novecient**os** libr**os**.*
*Tengo trescient**os** eur**os** en el bolso.*
*En la universidad hay más de doscient**as** aul**as**.*
*Hay más de cuatrocient**as** chic**as** en la residencia.*

Note how Spanish uses **de** rather than **que** to mean 'than' after a number.

d) The plural of **millón** ('million') is **millones**.

Tengo millones de cosas que hacer.

2 Ordinal numbers *Números ordinales*

1° primero	*6° sexto*
2° segundo	*7° séptimo*
3° tercero	*8° octavo*
4° cuarto	*9° noveno*
5° quinto	*10° décimo*

a) Ordinal numbers usually precede the noun:

*La cafetería está en la **quinta** planta.*

b) Ordinal numbers can be masculine or feminine, in agreement with the noun.

*el cuart**o** **piso***
*Estoy en cuarto (**curso**) de Económicas.*
*La clase de español está en la segund**a** **planta**.*
*Toma la segund**a** **calle** a la derecha.*

c) Masculine ordinal numbers **primero** and **tercero** change to **primer** and **tercer** when they appear before a noun:

*Vivo en el **primer** piso. = Vivo en el primero.*
*La biblioteca está en el **tercer** piso. = Está en el tercero.*

Possessive adjectives
Adjetivos posesivos

	Singular		Plural	
	Masculine	Feminine	Masculine	Feminine
my	mi		mis	
your	tu		tus	
his / her / your	su		sus	
our	nuestro	nuestra	nuestros	vuestros
your	vuestro	vuestra	nuestras	vuestras
their / your	su		sus	

a) Possessive adjectives agree in gender and number with the noun they modify; that is, with the thing(s) possessed, not with the possessor. They are placed before the noun.

Mi casa es tu casa.
Ésta es vuestra clase.

b) Spanish does not use the possessive adjective as frequently as English. Look at these examples:

¿Tienes el libro? Have you got your book?
Me duelen los pies. My feet hurt.

c) Possessive adjectives may be replaced by **de** + noun or pronoun to avoid ambiguity; for example, **su libro** could mean 'his book', 'her book', 'your book' or 'their book', so if necessary **de él, de ella, de usted, de ellos/as** or **de** + noun is used instead.

d) **De** is also used where English would use the apostrophe + s:

la bolsa de mi amiga   my friend's bag
la casa de Begoña   Begoña's house

F Possessive pronouns
Pronombres posesivos

	Singular		Plural	
	Masculine	**Feminine**	**Masculine**	**Feminine**
mine	mí**o**	mí**a**	mí**os**	mí**as**
yours	tuy**o**	tuy**a**	tuy**os**	tuy**as**
his / hers / yours	suy**o**	suy**a**	suy**os**	suy**as**
ours	nuestr**o**	nuestr**a**	nuestr**os**	nuestr**as**
yours	vuestr**o**	vuestr**a**	vuestr**os**	vuestr**as**
theirs / yours	suy**o**	suy**a**	suy**os**	suy**as**

a) The possessive pronoun agrees in number and gender with the thing(s) possessed.

*Este libro es **mío**. No es **tuyo**, porque tiene mi nombre.*
*¿Es este libro **tuyo**? Sí, es **mío.***

b) To emphasise ownership, the possessive pronoun can be preceded by the definite article.

*Este libro es **el mío**.*
*¿Es este libro **el tuyo**?*
*Este libro ¿es **el vuestro** o **el nuestro**?*

c) Like possessive adjectives, possessive pronouns can be replaced by **de** + noun or pronoun to avoid ambiguity:

*Este libro es **de ella**, no **de usted**.*

G Personal pronouns
Pronombres personales

1 Subject *Sujeto*

Singular		Plural	
yo	I	nosotros (m.) / nosotras (f.)	we
tú	you (informal)	vosotros (m.) / vosotras (f.)	you (informal)
usted	you (formal)	ustedes	you (formal)
él	he	ellos (m.)	they (masculine)
ella	she	ellas (f.)	they (feminine)

a) Subject pronouns do not normally appear with the verb, as the verb endings indicate the subject.

¿Qué estudias?   *Estudio español.*

b) They are only used to emphasise the subject or to contrast two different subjects.

*¿**Tú** también eres estudiante de español?*
***Yo** soy estudiante de español, pero **ella** estudia francés.*

c) In Spanish, there is an informal way of speaking to someone, using **tú** (singular) and **vosotros** (plural), and a formal way: **usted** (singular), **ustedes** (plural). The **tú** form is used within the family, among young people and when talking to children. The **usted** form is used to show respect for someone older or whom you don't know.

2 Object *Objeto*

A Direct object *Objeto directo*

Singular		Plural	
me	me	nos	us
te	you (informal)	os	you (pl. informal)
le (masc.)	him / you (formal)	les (masc.)	them / you (pl. formal)
lo (masc.)	it / him	los (masc.)	them (masc.)
la (fem.)	it / her	las (fem.)	them (fem.)

a) The pronouns **me**, **te**, **le**, **nos**, **os**, **les** are used as direct object pronouns for people.

***Te** llamo por teléfono.*
*¿Dónde está Javier? Mañana **le** veo en clase.*

b) The pronouns **lo**, **la**, **los**, **las** are used for things and people.

*¿Has visto el bolso? Sí, **lo** he visto encima de la mesa.*
*Voy a ver a los profesores. Yo también **los** voy a ver mañana.*
*¿Quién compra las medicinas? Alicia **las** compra.*
*¿Dónde está Alicia? **La** veo mañana en clase.*

c) The pronouns **le**, **les** can be used instead of **lo**, **los** as the masculine direct object for people, but not for things.

*¿Vas a ver a Víctor luego? Sí, **le** / **lo** voy a ver.*
*¿Vas a ver a tus amigos luego? Sí, **les** / **los** voy a ver.*

Gramática

d) Position of the pronouns.

■ They are normally placed before the conjugated verb.

Escribo un email cada día. = **Lo** *escribo cada día.*

■ When the pronoun is the object of an infinitive, a gerund or an imperative, it is joined to the end of the verb to form a single word.

Quiero mandar un email hoy. = *Quiero mandar**lo** hoy.*
Estoy viendo la televisión. = *Estoy viéndo**la**.*
Lee este libro, es muy bueno. = *Lee**lo**, es muy bueno.*

■ With the gerund there is a choice of structures. Look at these examples:

Estoy mandando un email. = *Estoy mandándo**lo**.*
= ***Lo** estoy mandando.*

B Indirect object *Objeto indirecto*

Singular		Plural	
me	to me	nos	to us
te	to you (informal)	os	to you (informal)
le	to you (formal) to him / her	les	to them (masc. & fem.) to you (formal)

a) When the pronouns **le**, **les** are used as indirect objects, they are used for both genders.

*¿Vas a dar los apuntes a María? Sí, ¡claro que **le** voy a dar los apuntes!*
*¿Vas a escribir un email a Javier? Sí, **le** voy a escribir un email hoy.*
*¿Vas a ver a Mario y a Robert? Sí, **les** voy a ver dentro de una hora.*

b) Like the Direct object pronouns, Indirect object pronouns are normally placed before a conjugated verb. When the verb is an infinitive, a gerund or an imperative, it can be joined to the end, forming one word.

*¿**Me** mandas un email con tu dirección por favor?*
*¿Vas a mandar**me** un email?*
*Estoy mandándo**te** un email.*
*Mánda**me** un email con tu dirección, por favor.*

■ In the case of the gerund the pronoun can precede the verb.

*Estoy mandándo**te** un email.* = ***Te** estoy mandando un email.*

c) When both Direct and Indirect object pronouns occur together in a sentence, the Indirect object pronoun precedes the Direct object pronoun.

*¿Vas a mandarme un email? ¿Cuándo vas a mandár**melo**?*
*¿Me vas a dar el trabajo? Sí, **te lo** voy a dar ahora mismo.*

d) When the Indirect pronouns **le**, **les** are used with the Direct pronouns **lo**, **la**, **los**, **las**, both **le** and **les** become **se**.

*¿Le vas a dar los trabajos al profesor? Sí, **se los** voy a dar mañana.*
¿Le vas a dar un justificante al profesor sobre tu falta de asistencia?
*Sí, **se lo** voy a dar el miércoles.*

C Gustar, interesar, apetecer, encantar...

These verbs use the pronouns **me**, **te**, **le**, **nos**, **os**, **les**, which always precede the verb. The verbs are used in the 3rd person singular or 3rd person plural according to the object one likes, is interested in, etc.

Me gusta el hotel Miramar. (lit. The hotel Miramar is pleasing to me.)
Me gusta quedarme en un hotel. (lit. Staying in a hotel is pleasing to me.)
*Me gusta**n** los hoteles.* (lit. Hotels are pleasing to me.)

D Reflexive pronouns *Pronombres reflexivos*

Singular		Plural	
me	myself	nos	ourselves
te	yourself (informal)	os	yourselves
se	yourself (formal) oneself himself / herself	se	yourselves (formal) themselves

The position of reflexive pronouns is the same as for the Direct and Indirect object pronouns.

*Begoña **se** ducha todos los días.*
*Ahora, Begoña **se** está duchando. / Está duchándo**se**.*
*Siénta**te**.*
*Quiero levantar**me** temprano.*

H Interrogative adjectives and pronouns *Adjetivos y pronombres interrogativos*

a) They are used to form questions.

b) They are preceded by an upside-down question mark and followed by a normal question mark at the end of the sentence.

c) Some have a singular form and a plural form, as they have to agree in number, and sometimes gender with the noun.

¿Qué?	What? Which?	¿Qué hotel prefieres?
¿A qué?	At what?	¿A qué hora sale el tren?
¿Cuál?	Which (one)? (sing.)	¿Cuál prefieres?
¿Cuáles?	Which (ones)? (pl.)	¿Cuáles son los más caros?
¿Quién?	Who? (sing.) Whom?	¿Quién es el chico del periódico? ¿De quién es esta bolsa?
¿Quiénes?	Who? (pl.)	¿Quiénes son esos chicos?
¿Cuánto?		¿Cuánto tiempo estudias a la semana?
¿Cuántos?	How much?	¿Cuántos años tienes? ¿Cuántos libros lees al año?
¿Cuánta?	How many?	¿Cuánta verdura comes a la semana?
¿Cuántas?		¿Cuántas horas estudias al día?

Interrogative adverbs
Adverbios interrogativos

¿Cómo?	How?	¿Cómo estás? ¿Cómo es tu ciudad? ¿Cómo te llamas?
¿Dónde?	Where?	¿Dónde vives? ¿Dónde está Palamós?
¿De dónde?	Where from?	¿De dónde eres? ¿De dónde sale el autobús?
¿A dónde?	Where to?	¿A dónde viajas mañana?
¿Por qué?	Why?	¿Por qué faltas a clase? ¿Por qué quieres aprender español?
¿Cuándo?	When?	¿Cuándo vas a ir a España? ¿Cuándo empiezan las vacaciones?

Adverbs *Adverbios*

Adverbs are parts of speech which modify verbs, adjectives and other adverbs.

a) Many adverbs have their own form; others add **-mente** to the feminine form of the adjective, as English adds '-ly'.

tranquila   *tranquila**mente***
normal   *normal**mente***
diaria   *diaria**mente***

b) Adverbs of time *Adverbios de tiempo*

siempre	always	**Siempre** voy a España de vacaciones.
		Voy **siempre** a España de vacaciones.
		Voy a España de vacaciones **siempre**.
a veces	sometimes	**A veces** salgo con mis amigos españoles.
		Salgo **a veces** con mis amigos españoles.
		Salgo con mis amigos españoles **a veces**.
nunca	never	**Nunca** estudio por las noches.
		No estudio **nunca** por las noches. (double negative)
ahora	now	**Ahora** voy a llamar a mi amiga.
		Voy a llamar a mi amiga **ahora**.
primero	first	**Primero** tomamos unas copas.
después	then,	**Después** fuimos a bailar.
luego	after that	**Luego** conocí a un(a) chico/a.

c) Adverbs of quantity *Adverbios de cantidad*

mucho	a lot	Me gusta **mucho** España.
poco	a bit	Trabajo **poco**.
muy	very	Las clases de la universidad son **muy** grandes.

d) Adverbs of state of being *Adverbios de modo*

bien	well	Me gusta tu casa, está **bien**.
mal	bad	Habla francés **mal**.
regular	average	Entiendo francés **regular**.
bastante bien	quite well	Habla español **bastante bien**.

K Prepositions *Preposiciones*

a) Prepositions are parts of speech which precede nouns and may indicate position, relationship or time.

a	at, to	Empiezo las clases **a** las nueve. (time)
		Voy **a** casa. (direction)
		Tengo que llamar **a** Javier. ¿Conoces **a** Javier? (person)
de	from, of	Begoña es **de** Bilbao. (origin)
		Vengo **de** Salamanca. (departure)
		Los apuntes **de** María. (possession)
		La bolsa **de** plástico. (material)
		La biblioteca abre **de** nueve a dos. (time)
desde	from	Vienen **desde** Salamanca.
		La biblioteca abre **desde** las nueve hasta las dos.
con	with	Póngame una botella de agua **con** gas.
		Voy de vacaciones **con** mis amigos.
en	in	Trabajo **en** una oficina.
		Málaga está **en** Andalucía.
entre	between	Uruguay está **entre** Argentina y Brasil.
para	for, to	Esta carta es **para** Juanjo.
		Tenemos que comprar los billetes **para** Barcelona.
		¿**Para** cuánto tiempo vas a España? Voy sólo **para** una semana.
por	along, by, during, because of	Continúa **por** la calle Cervantes y sigue hasta el final.
		Mañana **por** la noche vamos a salir con Mario y María.
		Tengo que hablar **por** teléfono con Carmen.
		Toma este regalo, **por** ser buena estudiante.
sin	without	Tráigame una botella de agua **sin** gas.
sobre	above, on	Los libros que están **sobre** la mesa son míos.

b) Prepositional phrases

a la derecha / izquierda	to the right / left	Toma la calle **a la derecha**.
al lado de	next to	La biblioteca está **al lado de** la universidad.
		El bar está **al lado del** cine.
cerca de	near	La residencia de estudiantes está **cerca de** la universidad.
debajo de	under	El libro de español está **debajo de** los CDs.
delante de	in front of	La profesora está **delante de** los alumnos.
en el centro	in the centre	Madrid está **en el centro de** España.
enfrente de	opposite	El banco está **enfrente de** la librería.
hasta el final de	until the end of	Sigue **hasta el final de** la calle.
lejos de	far from	Bilbao está **lejos de** Málaga.

Verbs *Verbos*

1 The Present tense *El Presente*

a) There are three conjugations (or types) of verbs in Spanish: verbs ending in **-ar**, **-er** and **-ir**. To form the present tense, the ending of the infinitive is replaced by the appropriate endings.

	habl**ar**	com**er**	escrib**ir**
(yo)	habl**o**	com**o**	escrib**o**
(tú)	habl**as**	com**es**	escrib**es**
(él, ella, usted)	habl**a**	com**e**	escrib**e**
(nosotros/as)	habl**amos**	com**emos**	escrib**imos**
(vosotros/as)	habl**áis**	com**éis**	escrib**ís**
(ellos, ellas, ustedes)	habl**an**	com**en**	escrib**en**

b) Some verbs change the vowel of the next to last syllable; these are known as radical-changing verbs. The changes occur in the three singular persons and in the last plural person.

1 **e** to **ie**:

emp**e**zar, qu**e**rer, c**e**rrar, pref**e**rir, p**e**nsar ...

	empezar
(yo)	emp**ie**zo
(tú)	emp**ie**zas
(él, ella, usted)	emp**ie**za
(nosotros/as)	empezamos
(vosotros/as)	empezáis
(ellos, ellas, ustedes)	emp**ie**zan

*Qu**ie**ro ir a México.*
*Pref**ie**ro la playa a la montaña.*
*Las clases emp**ie**zan a las nueve.*

2 o to **ue**:
dormir, poder, volver, acostarse, contar, volar, llover, probar …

	volver
(yo)	v**ue**lvo
(tú)	v**ue**lves
(él, ella, usted)	v**ue**lve
(nosotros/as)	volvemos
(vosotros/as)	volvéis
(ellos, ellas, ustedes)	v**ue**lven

*¿A qué hora v**ue**lves de trabajar?*
*Todas las semanas v**ue**lo a Málaga.*
*Me ac**ue**sto a las doce de la noche.*

3 u to **ue:**
There is only one verb that does this: *j**u**gar.*

	jugar
(yo)	j**ue**go
(tú)	j**ue**gas
(él, ella, usted)	j**ue**ga
(nosotros/as)	jugamos
(vosotros/as)	jugáis
(ellos, ellas, ustedes)	j**ue**gan

*J**ue**go al tenis todos los miércoles por la tarde.*

4 e to **i**:
seguir, pedir, vestirse, decir, servir …

	seguir
(yo)	s**i**go
(tú)	s**i**gues
(él, ella, usted)	s**i**gue
(nosotros/as)	seguimos
(vosotros/as)	seguís
(ellos, ellas, ustedes)	s**i**guen

*S**i**gue todo recto por esta calle.*
*Siempre me v**i**sto después de desayunar.*

c) Some verbs are irregular in the first person singular:

poner: **pongo**, pones, pone, ponemos, ponéis, ponen
hacer: **hago**, haces, hace, hacemos, hacéis, hacen
salir: **salgo**, sales, sale, salimos, salís, salen
dar: **doy**, das, da, damos, dáis, dan
saber: **sé**, sabes, sabe, sabemos, sabéis, saben
estar: **estoy**, estás, está, estamos, estáis, están
venir (ie): **vengo**, vienes, viene, venimos, venís, vienen
tener (ie): **tengo**, tienes, tiene, tenemos, tenéis, tienen

d) Some verbs are irregular in all their persons:

	ir
(yo)	voy
(tú)	vas
(él, ella, usted)	va
(nosotros/as)	vamos
(vosotros/as)	váis
(ellos, ellas, ustedes)	van

Vamos a clase de español los martes por la mañana.

e) The Spanish for 'there is', 'there are' is **hay**.

2 The Perfect tense *El Pretérito perfecto*

a) This tense is used when the action has already finished, but when the time is still linked to the present by phrases such as:

hoy   *esta mañana*
este año   *esta tarde*
este mes   *esta noche*
este verano   *ahora mismo*
alguna vez   *nunca*
ya   *todavía*

¿Has terminado ya el trabajo de la clase de español?
Este año he viajado mucho.
Esta mañana he conocido a María.
¿Has estado alguna vez en México?

b) The Perfect tense has two parts, the auxiliary verb **haber** in the present tense and the past participle of the main verb.

	haber	Past participle
(yo)	he	
(tú)	has	
(él, ella, usted)	ha	**-ado**
(nosotros/as)	hemos	**-ido**
(vosotros/as)	habéis	
(ellos, ellas, ustedes)	han	

c) The past participle of regular verbs is formed by changing the infinitive ending:

-ar to **-ado**
-er to **-ido**
-ir to **-ido**

Past participle

-ar to -ado		-er to -ido		-ir to -ido	
hablar	habl**ado**	comer	com**ido**	vivir	viv**ido**
tomar	tom**ado**	beber	beb**ido**	dormir	dorm**ido**
estudiar	estudi**ado**	entender	entend**ido**	pedir	ped**ido**
mandar	mand**ado**	leer	le**ído**	salir	sal**ido**
llamar	llam**ado**	conocer	conoc**ido**	venir	ven**ido**

*Hoy **he** estudi**ado** español.*
*Este mes **hemos** le**ído** muchos libros.*
*Este año **he** viv**ido** en España.*

d) A number of verbs have irregular past participles:

abrir:	**abierto**	morir:	**muerto**
decir:	**dicho**	poner:	**puesto**
escribir:	**escrito**	ver:	**visto**
hacer:	**hecho**	volver:	**vuelto**

*Esta semana he **hecho** mucho deporte.*
*Hoy he **visto** a Javier.*
*Robert ha **vuelto** a Inglaterra esta semana.*

e) When used with pronouns (reflexive, indirect or direct object) these precede the verb:

*Esta semana **me** he acostado muy pronto.*
*¿Has visto a Begoña hoy? Sí, **la** he visto.*
*¿Has mandado el email a Mario? Sí, **se lo** he mandado esta mañana.*

3 The Simple past *El Pretérito indefinido*

a) This tense is used to express actions which took place at a particular time in the past. It is called the Pretérito indefinido (the Preterite) and is normally used with a time expression such as:

ayer	el verano pasado
anoche	el viernes pasado
anteayer / antes de ayer	el mes pasado
la semana pasada	el otro día
el fin de semana pasado	

*Ayer **salí** con mis amigos.*
*Antes de ayer **hablé** con mis padres.*

b) This tense is formed by removing the infinitive ending **-ar, -er, -ir** and adding the endings for the different conjugations and persons.

	-ar (tomar)	-er (comer)	-ir (escribir)
(yo)	tom**é**	com**í**	escrib**í**
(tú)	tom**aste**	com**iste**	escrib**iste**
(él, ella, usted)	tom**ó**	com**ió**	escrib**ió**
(nosotros/as)	tom**amos**	com**imos**	escrib**imos**
(vosotros/as)	tom**asteis**	com**isteis**	escrib**isteis**
(ellos, ellas, ustedes)	tom**aron**	com**ieron**	escrib**ieron**

*El fin de semana pasado **comimos** paella.*
*El mes pasado **escribí** un email a Rodrigo.*

c) This tense tends to be used in Latin America instead of the perfect tense.

d) There are some irregular verbs:

	ir / ser
(yo)	fui
(tú)	fuiste
(él, ella, usted)	fue
(nosotros/as)	fuimos
(vosotros/as)	fuisteis
(ellos, ellas, ustedes)	fueron

*Ayer **fui** a casa de Víctor.*
*El chico rubio **fue** el que vino ayer.*
*Yo **fui** nombrada representante del grupo.*

hacer: **hice, hiciste, hizo, hicimos, hicisteis, hicieron**
tener: **tuve, tuviste, tuvo, tuvimos, tuvisteis, tuvieron**
estar: **estuve, estuviste, estuvo, estuvimos, estuvisteis, estuvieron**
venir: **vine, viniste, vino, vinimos, vinisteis, vinieron**
poder: **pude, pudiste, pudo, pudimos, pudisteis, pudieron**

4 The Imperfect tense *El Imperfecto*

a) The Imperfect is used to:

■ Describe the context or the scene in which an action took place, such as the time, the weather, or the emotional or physical state of the person involved.

*En la fiesta, **había** mucha gente y **hacía** mucho calor.*
*Todos **estaban** muy contentos y **bailaban**.*
***Llevaban** trajes muy elegantes.*

■ Describe what used to happen. This tense is often translated into English as 'used to'.

*Antes **iba** de vacaciones a Francia, pero ahora voy a España.*
*Cuando **tenía** quince años, **salía** con mis amigos a bares y cafeterías.*

■ Describe what was happening when another event took place. This can often be translated by 'I was …-ing … when …'.

*Yo **estaba** en la habitación, y de repente llamaron a la puerta.*
***Salía** por la puerta cuando sonó el teléfono.*

b) To form the Imperfect tense, the ending of the infinitive is replaced with the appropriate endings. The conjugation **-ar** has its own set of endings and **-er** and **-ir** share the same ones.

	-ar (llegar)	-er (comer)	-ir (vivir)
(yo)	lleg**aba**	com**ía**	viv**ía**
(tú)	lleg**abas**	com**ías**	viv**ías**
(él, ella, usted)	lleg**aba**	com**ía**	viv**ía**
(nosotros/as)	lleg**ábamos**	com**íamos**	viv**íamos**
(vosotros/as)	lleg**abais**	com**íais**	viv**íais**
(ellos, ellas, ustedes)	lleg**aban**	com**ían**	viv**ían**

c) There are two irregular verbs in the imperfect:

ir: **iba, ibas, iba, íbamos, ibais, iban**
ser: **era, eras, era, éramos, erais, eran**

d) The Spanish for 'there was', 'there were' is **había**.

5 The Future tense *El Futuro*

a) The Future tense is used to express future events and it is formed by adding the endings to the infinitive. There is only one set of endings for the three types of infinitives: **-é**, **-ás**, **-á**, **-emos**, **-éis**, **-án**.

	-ar (terminar)	-er (ver)	-ir (escribir)
(yo)	terminar**é**	ver**é**	ir**é**
(tú)	terminar**ás**	ver**ás**	ir**ás**
(él, ella, usted)	terminar**á**	ver**á**	ir**á**
(nosotros/as)	terminar**emos**	ver**emos**	ir**emos**
(vosotros/as)	terminar**éis**	ver**éis**	ir**éis**
(ellos, ellas, ustedes)	terminar**án**	ver**án**	ir**án**

En mayo **terminaremos** *los exámenes.*
En verano **iré** *de vacaciones a España.*

b) Some irregular verbs in the future are:

hacer: **haré, harás, hará, haremos, haréis, harán**
poder: **podré, podrás, podrá, podremos, podréis, podrán**
saber: **sabré, sabrás, sabrá, sabremos, sabréis, sabrán**
salir: **saldré, saldrás, saldrá, saldremos, saldréis, saldrán**
tener: **tendré, tendrás, tendrá, tendremos, tendréis, tendrán**
venir: **vendré, vendrás, vendrá, vendremos, vendréis, vendrán**

La próxima semana **haré** *una tarta de chocolate y la* **comeré.**
Si estudio **podré** *terminar mi licenciatura.*

c) You can also express future plans with **ir** + **a** + infinitive:

La próxima semana **voy a hacer** *una tarta de chocolate y la* **voy a comer.**
Mañana **vamos a estudiar.**

6 The Conditional *El Condicional*

a) The Present conditional corresponds to the English 'would + verb' and is used mainly to express desires and preferences.

b) It is formed by adding **-ía, -ías, -ía, -íamos, -íais, -ían** to the infinitive; the endings are the same for the three types of verbs.

	-ar (tomar)	-er (aprender)	-ir (preferir)
(yo)	tomaría	aprendería	preferiría
(tú)	tomarías	aprenderías	pereferirías
(él, ella, usted)	tomaría	aprendería	preferiría
(nosotros/as)	tomaríamos	aprenderíamos	preferiríamos
(vosotros/as)	tomaríais	aprenderíais	preferiríais
(ellos, ellas, ustedes)	tomarían	aprenderían	preferirían

c) The Spanish for 'there would be' is **habría**.

d) The Conditional of **gustar** is: **me, te, le, nos, os, les gustaría / gustarían**.

7 The Imperative *El Imperativo*

a) The imperative is used to give instructions and advice and to order in a café or bar.

Imperativo

	tomar	traer (irreg)	servir (i)
(tú)	toma	trae	sirve
(usted)	tome	traiga	sirva
(vosotros/as)	tomad	traed	servid
(ustedes)	tomen	traigan	sirvan

b) The **tú** form of the Imperative usually coincides with the 3rd person of the present tense.

c) Some verbs are irregular in the imperative:

hacer: **haz, haga, haced, hagan**
ir: **ve, vaya, id, vayan**
tener: **ten, tenga, tened, tengan**
venir: **ven, venga, venid, vengan**

Tráigame la cuenta por favor.
Ten este dinero y ve a la tienda.
Venid a casa a comer.
Haz el trabajo de español.

d) The negative forms of this voice are:

Imperativo

	tomar	traer (irreg)	servir (i)
(tú)	no tom**es**	no trai**gas**	no sirv**as**
(usted)	no tom**e**	no trai**ga**	no sirv**a**
(vosotros/as)	no tom**éis**	no trai**gáis**	no sirv**áis**
(ustedes)	no tom**en**	no trai**gan**	no sirv**an**

8 The Present continuous *El Presente continuo*

a) This tense is used to describe events that are happening now.

b) It is formed with the appropriate person of the verb **estar** and the gerund of the main verb.

	estar	+ gerund
(yo)	estoy	
(tú)	estás	
(él, ella, usted)	está	**-ando**
(nosotros/as)	estamos	**-iendo**
(vosotros/as)	estáis	
(ellos, ellas, ustedes)	están	

c) To form the gerund, the ending of the infinitive is replaced by **-ando** for the **-ar** group of infinitives and **-iendo** for the **-er** and **-ir** conjugations.

*¿María? No, no está en casa, **está jugando** al tenis con su amiga.*
*¿Qué **estás haciendo** ahora? **Estoy leyendo** un libro.*

d) In English, the gerund ending is '-ing'.

*Estamos esper**ando** a Javier.* (We are wait**ing** for Javier.)
*En este momento estoy escrib**iendo** una carta.* (... I am writ**ing** a letter.)

9 The verb 'to like' *El verbo 'gustar'*

a) The verb **gustar** ('to like') is used to express likes or dislikes. Literally, it means 'to please' or 'to be pleasing to'. In the Spanish construction, the English object becomes a subject and the English subject becomes an (indirect) object.

b) With the verb **gustar,** the subject (the thing liked) generally follows the verb, used mainly in the third person singular and plural, and the pronoun (the person who does the liking) goes in front of the verb.

me	
te	
le	gust**a** tocar la guitarra
nos	gust**a** la paella
os	gust**an** los monumentos y los museos
les	

c) When a person's name or a personal pronoun is specified, the preposition **a** is required.

> *A María le gusta viajar por diferentes países.*
> *A nosotros nos gustan los viajes organizados.*
> *A mí me gusta la naturaleza.*

d) Gustar works in the same way in all the different tenses, using the third person singular or plural with the pronoun in front:

	Present	Perfect	Preterite	Future	Conditional
me te le nos os les	gusta viajar por España	ha gustado viajar por España	gustó viajar por España	gustará viajar por España	gustaría viajar por España
	gusta la comida española	ha gustado mucho la comida española	gustó mucho la comida española	gustará mucho la comida española	gustaría mucho la comida española
	gustan las tapas	han gustado las tapas	gustaron las tapas	gustarán las tapas	gustarían las tapas

Vocabulario

Vocabulario español – inglés

(m) = masculino   pl = plural
(f) = femenino   (ie) (ue) (i) radical changes in verbs
(v) = verbo   (adv) = adverb
(adj) = adjetivo

A

a	to
– tiempo	on time
abajo (adv)	down, below
el/la abogado/a	lawyer
abril	April
abrir (v)	to open
el/la abuelo/a	grandfather / grandmother
aburrido/a (adj)	boring
aburrirse (v)	to be bored
la aceituna	olive
el acento	accent
acogedor/a (adj)	cosy
acompañar (v)	to accompany
el acontecimiento	event
acordarse (ue) (v) de	to remember, to think about
acostarse (ue) (v)	to go to bed
activo/a (adj)	active
el/la actor/actriz	actor / actress
la actuación	show
adaptarse (v)	to adapt
adecuado/a (adj)	right, OK
además (adv)	also, besides
el/la administrativo/a	administrator
adosado/a (adj)	semi-detached
las afueras (fpl)	suburbs
la agencia	agency
la agenda	diary
agosto	August
ahora (adv)	now
el albergue	hostel
– juvenil	youth hostel
alemán(a) (adj)	German
la alergia	allergy
la alfombra	rug
el algodón	cotton
almorzar (ue) (v)	to have lunch
el alojamiento	accommodation
alojarse (v)	to lodge, to stay
el alpinismo	mountain climbing
alquilado/a (adj)	rented
alquilar (v)	to rent
el altavoz/ces	speaker(s)
alternativo/a (adj)	alternative

alto/a (adj)	high
el ambiente	atmosphere
– estudiantil	student scene
– nocturno	night atmosphere
americano/a (adj)	American
las amistades (fpl)	friends
amplio/a (adj)	spacious
amueblado/a (adj)	furnished
el análisis	analysis
las anginas / amigdalas (fpl)	throat infection
animado/a (adj)	with good / cheerful atmosphere
anoche (adv)	last night
anteayer (adv)	day before yesterday
antes (adv)	before
el antibiótico	antibiotic
las antigüedades (fpl)	antiques
antiguo/a (adj)	old
el anuncio	advert
el año	year
el año pasado	last year
el aparador	sideboard
aparcar (v)	to park
el apartamento	apartment
el apellido	surname
el aperitivo	snack
apetecer (v)	to long for, to take one's fancy
aprender (v)	to learn
el aprendizaje	learning process
aprovechar (v)	to take advantage
los apuntes (mpl)	notes
el árbol genealógico	family tree
argentino/a (adj)	Argentinian
el armario	wardrobe
arreglarse (v)	to get ready, to dress up
arriba (adv)	above, up
el arroz	rice
la artesanía	crafts
el aseo	small toilet
la asignatura	subject (of study)
el asma (f)	asthma
la aspirina	aspirin
atender (v)	to answer / to pay attention